U0855797

蒙台梭利
儿童敏感期手册

〔意〕玛丽亚·蒙台梭利◎著 蒙台梭利丛书编委会◎编译

Montessori's Handbook of Children's Sensitive Periods

中国妇女出版社

图书在版编目（CIP）数据

蒙台梭利儿童敏感期手册 /（意）玛丽亚·蒙台梭利著；蒙台梭利丛书编委会编译. -- 北京：中国妇女出版社，2016.7（2025.9重印）

ISBN 978-7-5127-1294-2

Ⅰ.①蒙⋯ Ⅱ.①玛⋯ ②蒙⋯ Ⅲ.①儿童教育—早期教育—手册 Ⅳ.①G61-62

中国版本图书馆CIP数据核字（2016）第116981号

蒙台梭利儿童敏感期手册

作　　者：〔意〕玛丽亚·蒙台梭利　著
译　　者：蒙台梭利丛书编委会　编译
责任编辑：应　莹　李一之
封面设计：尚世视觉
责任印制：王卫东
出版发行：中国妇女出版社
地　　址：北京市东城区史家胡同甲24号　　邮政编码：100010
电　　话：（010）65133160（发行部）　　65133161（邮购）
法律顾问：北京市道可特律师事务所
经　　销：各地新华书店
印　　刷：北京通州皇家印刷厂
开　　本：165×235　1/16
印　　张：17
字　　数：210千字
版　　次：2016年7月第1版
印　　次：2025年9月第22次
书　　号：ISBN 978-7-5127-1294-2
定　　价：35.00元

编者的话

玛丽亚·蒙台梭利是20世纪享誉全世界的杰出幼儿教育家，是意大利第一位女医学博士。1870年8月，蒙台梭利在意大利安科纳地区的基亚拉瓦莱小镇出生。她的父亲是一位军人，母亲娴静文雅、博学多识。

蒙台梭利从小受到良好的教育，13岁时，她进入了少有女孩子选择的米开朗基罗工科学校学习数学，并以最优秀的成绩毕业。后来她学习了现代语言与自然科学，由于对生物产生兴趣，于1890年进入罗马大学学习生物。在学习生物期间，蒙台梭利又对医学产生了浓厚的兴趣，决定学习医学。由于当时欧洲社会非常保守，女子学医并不被当时的教育体制所允许，但蒙台梭利凭借着坚强的毅力和不断奔走，最终获准进入医学院。26岁时，蒙台梭利完成学业，获得罗马大学医学博士学位，成为意大利第一位女医学博士。也许正是由于蒙台梭利的成长一直遵循着自己的兴趣指引，才会有她后来提出的极具革命性的教育理论“教育要根据孩子的兴趣，捕捉到孩子的敏感期”。

完成学业后，蒙台梭利成为罗马大学附属医院的一名精神病临床医生，致力于诊断和治疗儿童身心方面存在的缺陷。在长期的研究与实践中，她发现："儿童的智力缺陷主要是教育问题，而不是医学问题。"这为蒙氏教育法的创立奠定了基础。

1907年，蒙台梭利在罗马最贫困的地区圣罗伦斯区创办了第一所"儿童之家"，目的是帮助3~6岁的普通儿童。蒙台梭利的教育法取得了惊人的效果：那些出身贫寒的孩子，原来被认为是普普通通，甚至是有缺陷的，然而在几年后，他们的心智都发生了巨大的转变，一个个都变得聪明活泼、自信自强、举止优雅。这一事件轰动了当时的整个欧洲。之后，蒙氏教育法不断传播，到20世纪40年代时，蒙台梭利学校已遍布世界各大洲，仅美国就有2000多所。

蒙台梭利认为儿童发育中有一个特殊的敏感期，儿童在这一时期能够以惊人的方式自然而然地吸收和学习。无论是行走，还是语言、绘画，或是音乐、数学，每个孩子都受到敏感期的指引。捕捉到孩子的敏感期，对他们加以引导，就能取得事半功倍的效果。孩子没有到达敏感期时，任何逼迫的学习都是徒劳的；而延误了时机，则会对儿童的发展造成阻碍。

1952年5月6日，82岁的蒙台梭利在荷兰去世。她的名字和她革命性的教育观却延续了下来，并被越来越多的人接受。她3次获得诺贝尔和平奖提名，传记被收入12位"帮助世界的人们"传记丛书。教育家称赞她为"20世纪赢得世界公认的推进科学和人类进步的最伟大科学家之一"。

蒙台梭利的教育理念和教育法引入我国后，得到了越来越多中国父母的认可和推崇。为了传播蒙台梭利的经典早教理念，我们将蒙台梭利的经典名著以敏感期为线索进行梳理，策划出版了这本《蒙台梭利儿童敏感期手册》。本书按照年龄阶段进行全新编译，力求通俗易懂，便于家长更深入地理解“敏感期”。

书中主要针对亲子早教，介绍了敏感期的基本概念、家庭教育策略，以及0~6岁儿童各个阶段的敏感期发展特点。父母既可以按照孩子的年龄阶段，也可以按照儿童发展中遇到的问题进行阅读。但是父母在阅读时需要注意，由于个体差异的关系，每个儿童敏感期的发展阶段并不能完全依年龄来强制划分。前期的发展必为后期的基础，发展的过程是无法以跳跃的方式来进行的，这要求我们既需要有针对性的阅读，也需要对孩子和蒙氏教育有整体性的了解。

希望本书的内容可以对读者朋友的生活、学习或工作有所帮助，这将给编译者带来最大的满足。当然，本书肯定还会存在不少问题，再次恳请读者不吝赐教。

目　录

第一章　儿童的敏感期

第二章　如何陪孩子度过敏感期

第三章　0～2岁儿童的敏感期

第四章　2～3岁儿童的敏感期

第五章　3～4岁儿童的敏感期

第六章　4～5岁儿童的敏感期

第七章　5～6岁儿童的敏感期

第一章
儿童的敏感期

婴儿成长的奥秘

敏感性是儿童心理发展的“钥匙”

新生儿就像一张白纸一样，他是怎样适应这个复杂世界的呢？他是怎样认识事物的呢？他是凭借着一种什么样的手段，怎样无师自通地掌握一门语言的呢？

儿童在心理发展的过程中，表现出了惊人的能力，但是由于我们对此抱着习以为常的态度，使我们对这些发生在儿童身上的“奇迹”总是熟视无睹。与儿童相比，一个成年人要适应新的环境却需要不断地获得帮助，在学会一门新语言时，他永远也无法像儿童学习母语那样完美地掌握。

早在父母注意到之前，小婴儿的感知觉就已经开始带动着心理悄悄发展了。比如，孩子说话能力的发展就是秘密进行的。一个正常的婴儿，从出生起就拥有语言能力，他在其他各个方面也都存在着这样的能力。这种能力是一种创造性的本能，也是一种积极的潜能，它与儿童所处的环境一起构建起儿童的精神世界。

当我们讲到儿童的生长发育时，一般指的是我们从外表可以观察到的变化。而儿童的这种秘密进行的发展，我们在荷兰科学家德弗利斯所研究的“动物的敏感期”中找到了答案：

一只普通的毛毛虫，其幼虫食欲非常旺盛、食量很大，甚至具有吃掉整棵植物的能力，但在刚出生的几天里，它只能靠吃枝头的嫩芽为生。雌蝴蝶出于母性的本能，会把卵产在树干与树枝交接的角落里，因为那里既安全又隐蔽。但是这里离有嫩芽的枝头却有一段距离。当幼虫卵化后，是什么引导它爬向枝头寻找嫩芽呢？是光线！它对光非常敏感，跟着光线朝树梢爬去，向那个最亮的地方爬去。在那里，幼虫找到了赖以为生的食物。

一个值得注意的事实是：一旦幼虫长大到能够吃粗糙的食物时，它对光的敏感性就消失了，它的眼睛就再也不能感受到特别的光线了，敏感期一去不复返。此时，长大的幼虫也会相应地开始学习其他谋生方法和生活经验。这并不是因为幼虫的眼睛看不见了，而是它的眼睛对光线不再敏感了。

同样是这只毛毛虫，它在成蛹之前对吃非常贪婪，某一天却突然不吃不喝起来。在严格的禁食中，它为自己织蛹并将自己包裹起来，看起来就像死了一样。而实际上，它却在紧张地忙碌着。当它破茧而出的时候，它已经变成蝴蝶，迷人的双翅在阳光下熠熠生辉。

蜜蜂也要经历这个阶段。在最初的时候，所有的雌幼虫都有可能会成为蜂王，但每个蜂群只能有一只雌幼虫成为蜂王。雄蜂会为这只雌幼虫准备一种特殊食料，幼虫吃了这种“美味”的食料后，就会成为这个蜂群中的蜂王。但是如果这只幼虫在被选出时已经过了幼虫期，它就不可能成为蜂王。因为只有在幼虫期，雌幼虫才会对食物有极度贪婪的欲望，它才能长成像蜂王那样硕大的身材，过了幼虫期就不再可能了。

这种敏感性具有以下特征：

- 敏感期发生在生物的初期发育阶段。此时，它们会在一段时期内在某些方面表现出一种特殊的敏感性。

■ 敏感期具有短暂易逝的特征，并且只在为了获得某种特性时表现出来，生物体一旦获得了这种特性，敏感性就会消失。

■ 敏感期所具有的特性与成长不同，这种特性是借助短暂的刺激和潜力获得的，而成长是缘于悉心的引导。

儿童敏感期也具有同样的特征。儿童在敏感期拥有一种极具创造性的本能。这种本能对儿童的影响力非常惊人，如果这种本能受到了破坏，就有可能使儿童变得体弱、缺少活力。虽然成人对儿童的敏感期没有直接的影响，但是如果儿童在其敏感期没有按照敏感性的“指挥”行事，他们就会永远失去这种天赋的力量。

儿童在敏感期能够学会自我调节，并通过自我调节去掌握某种本领。这就像一束光照进了我们的内心深处，或是电池给机器源源不断地提供电能一样。正是这种在敏感期所具有的特性，使儿童对一切都充满了热情和动力，他们能轻松地掌握各种本领，他们所做的每一次努力都使自己的能力大大增强。当一个目标达到时，他们才会失去兴趣和活力。

儿童以这种独特、强烈的方式与外界建立起了联系。

儿童在敏感期拥有一种特殊的内在活力，能够以惊人的方式自然而然地吸收和学习。一种热情耗尽之后，另一种热情随之燃起。在这种节奏的支配下，儿童不断地去征服世界，这一切使他们感到十分幸福、满足。当度过了敏感期后，人们心智上的发展只能通过思考、努力和研究才能实现。人们会对繁重的工作产生疲劳和厌倦情绪，而处于敏感期的儿童却总是孜孜不倦地工作，这正是敏感期儿童与成人心理状态的本质区别。

敏感期与心理发展

如果儿童在敏感期里遇到了障碍，无法正常发育，他们的心理发展就有可能因此发生紊乱甚至扭曲。

通过长期的研究、观察，我们发现当儿童的敏感性受到外界的干扰和阻碍时，他们就会产生抑郁或愤怒的情绪。很多成人由于不理解孩子为何会有这些表现，就认为他们是在无理取闹，或他们只是想得到成人的安慰，因此将他们的这些表现视为“任性”或“发脾气”。

发脾气是一种激动的、无目的的行为，与儿童“发高烧”具有相似的特征：突然来袭，却找不出相对应的病理上的原因。正如我们常常遇到的那样，儿童在生了某种小病时，常伴随有发烧的症状，当这种小病痊愈时，发烧症状也会马上消失。同样，儿童在心理上也会由于特殊的敏感性而产生一种强烈的、没有原因的焦虑不安的情绪。实际上，从儿童出生起，任性、发脾气就在他们身上表现出来。我们可以将这种情绪表现视为人类心理反常的外在表现。如果把每一种官能上的失调都视为器官性的疾病，我们也要把所有的心理紊乱称为心灵上的疾病。儿童第一次发脾气就是他们心灵的第一次生病。

成人常常把孩子那些没有明显动机、固执或无理的行为视为儿童的反复无常。我们还发现，当成人用这种错误的方式对待孩子时，会使孩子的情绪更加恶化。而实际上，孩子的这些异常表现和情绪本身就表明，这其中一定存在着某种原因，并且这种原因没有消失，还在持续地产生影响。成人应该为孩子找到一种调节的方法。

儿童在敏感期发脾气可能是他们的需要没有得到满足的一种外在表现，也可能是他们对某种危险或杂乱无序的警觉和反感。只要儿童的需要得到了满足，或者危险、无序的状况得到了缓解，他们的情绪就会平静下来。有时，我们会发现刚刚还情绪激动甚至歇斯底里的儿童突然就平静了下来。

孩子与敏感期密切相关的各种任性表现，也会像敏感期一样短暂易逝。任性不会对孩子在敏感期形成的禀性造成永久的影响，但是会产生一种不良的作用，阻碍儿童心理的发展成熟。

当儿童处于发脾气的状态时，他们从来都不是安静地提出问题和要求，而是处于一种失衡和“故障”的状态。发脾气不是自然规律的表现，而是对不遵守自然规律进行反抗和自我保护的表现。也因此，发脾气才会引起几乎所有人的关注。伴随着发脾气的各种其他表现，都是为了维持和保护儿童在敏感期所具有的独特的生命创造力，而隐藏在这种创造力下的儿童心灵的本能却一直被漠视。

处于敏感期是某些孩子发脾气的原因。但是由于各种心理冲突背后存在不同的原因，所以我们无法把所有引起孩子发脾气的原因都解释清楚。另外，很多儿童反复无常的举动，是其长期受到成人错误对待的结果。只有找到其中的原因，我们才能深入儿童的内心，了解他们成长的秘密。这是成人与儿童之间相互理解与和谐相处的基础。

敏感期与环境

儿童的心理发展是在一定的外界环境中进行的，但外界环境只是心理发展的场所，而不是原因。就像食物和空气是身体发展的必要条件一样，外界环境也仅仅是为心理发展提供了必要条件。

不同的敏感性使儿童能够从复杂的环境中，选择适宜自己生长的、必不可少的东西。就像阳光照到了一些物体上，而没有照到另一些物体上一样，儿童只对某种特殊的事物具有敏感性，对其他事物则无动于衷。这些能使儿童产生敏感的事物构成了他们的整个世界。

儿童不仅仅对某些事物具有内在敏感性，他们还具有利用这些事物促进自身发展的独特潜能。一个正处于敏感期的儿童，他们所进行的心理调整，能使自己更加轻松、愉快地认识和生活在所在的环境中。

对刚出生的婴儿，如果成人不给他们提供帮助，忽视其所处的外界环境，儿童的心理就有可能陷入危险之中。儿童要为自己的心理发展与外界斗争，并且还有遭受失败的可能。由于成人对于儿童的正常心理还缺乏了解，不知道正在对儿童的心理发展产生影响的因素是哪些，因此他们可能无法给儿童提供恰当的帮助，也无法注意到儿童内部正在发生的奇迹。而这些创造性的活动，尽管我们无法从表面看出来，却的确正在儿童心里秘密地进行着。

我们不能再漠视儿童的心理发展了，应该从一开始就去帮助他们。这种帮助并不在于塑造儿童，因为塑造儿童是属于自然之神的任务。这种帮助在于观察儿童心理发展的外在表现，为儿童的心灵成长提供支持，因为这种支持只靠儿童自己的努力是无法完成的。

如果儿童的健康取决于某些隐秘的能量这一假设成立，我们就可以设想，某些儿童无法适应外界环境，其实是由于他们发生了心理失调和罹患心理疾病。

当我们还不了解科学喂养的知识时，儿童的死亡率高得惊人，但这只是问题的一方面表现。一些儿童即使存活下来，仍有许多在成年后深受失明、佝偻病、跛脚或瘫痪之苦，还有许多人肢体残缺、器官受损，易受结核病、麻风病、淋巴结核等严重疾病的感染。

在儿童心理健康方面也是一样，我们并没有保障儿童心理健康的方案。在我们的生活中，儿童的心理健康没有得到任何的保障和维护，我们甚至还忽视了某种能够促使儿童心灵协调发展的秘密因素。心理失调导致了很多人受到身心疾病的困扰，比如，失明、虚弱、发育迟缓、死亡等。像骄傲、权力欲、贪婪和易怒等常见的心理问题就更不必说了。

将身体健康与心理健康进行对比并不只是一种语言上的修辞或比拟，它能够让我们从儿童身体的疾病联想到他们心理所遭受到的创伤。所谓“失之毫厘，谬以千里”，最初的毫厘之差可能会导致儿童成年后的千里之“谬”。尽管一个人在不适合的环境中也可以长大成人，但是请想一想，他本应该在一个与自己身心都和谐的“乐园”之中成长呀！

儿童智力发展的特征

儿童是一个积极的观察者

儿童的敏感期从出生一直持续到五六岁。这段时期他们能以令人震惊的方式从环境中获得感觉印象。作为一个积极的观察者，儿童通过感官，努力去感知外部世界，但是这种感知并不会像镜子那样没有选择地去接收外界的事物。儿童这个真正的观察者，根据一种内在的动力，以某种特殊的兴趣，来选择他们注意的对象。

成人总是想给三四岁的儿童看些常见的东西，好像他们以前什么也没见过似的。但其实这样做是白费力气。这就像我们以为一个人是聋子而对他大喊大叫，想让他听到我们说话，可是在我们费尽力气后，却听到他的一句抗议："其实我一点儿也不聋。"

成人总以为儿童只对华丽的物品、鲜艳的色彩和刺激的声音敏感，于是就用这些来吸引儿童的注意力。儿童确实会被美妙的歌曲和钟声、风中飘舞的彩旗、明亮耀眼的光线所吸引，但这些强烈刺激对儿童的吸引力只是外在的、转瞬即逝的，它只会分散儿童的注意力，而没有其他任何作用。

也许我们可以将这种现象在自己身上做一个实验：当我们正忙着看一

本有趣的书时，突然窗外鼓乐齐鸣，一支乐队在沿街演奏，我们就会放下书走到窗前看看发生了什么事情。当我们看到某个人这样做时，我们其实无法推断这个人是不是就特别容易被响亮的声音所吸引。然而，我们却这样对儿童下了结论。事实上，一种强烈、外在的刺激会引起儿童的注意，但这其实仅仅是一种无关紧要的现象，它与儿童内心的发展并没有必然的联系。而儿童的内心才是决定其发展的真正动力。

儿童全神贯注地注意着那些我们毫不在意的事物。我们可以从中发现儿童拥有独特的内心世界。但是，一个人如果被一件小东西所吸引并全神贯注地关注它，却并不是因为这个小东西给他留下了深刻的印象，而仅仅是因为他对小东西流露出了一种富有感情的理解。

理解孩子行为背后的原因

对于成人来讲，儿童的心理就像一道深奥难解的谜题，人们之所以感到困惑，是因为他们根据儿童的外在表现而不是内心的精神力量来进行判断。我们应该努力去理解在儿童行为背后隐藏着的原因。因为如果没有某个原因或某个动机，他们是不会做任何事情的。如果我们把儿童的每一个行为都解释成“一时兴起”是很容易的，但就算是“一时兴起”也包含着很多复杂的因素。

儿童的心灵是一个有待研究的课题，是一个还没有解开的谜。要找到答案可能很难，但是这种研究也会是极为有趣的。如果一个成人想找到这个谜底，他必须改变对儿童的态度，增强对他的责任感。他要成为一个研究者，而不是一个思想麻木的统治者或一个专制的法官。在对待儿童的问题时，成人却常常扮演着这样的角色。

说到这里，我记得有一次，我与几位妈妈一起讨论儿童读书的问题。

一位年轻的妈妈带着18个月大的孩子来参加讨论。她说："有些书很可笑，插图也很稀奇古怪。有一本书名叫《小黑人萨博》。书中的小主人公萨博是一个黑人小孩儿。在他生日那天，爸爸妈妈送给了他许多礼物，有帽子、鞋、长筒袜，还有色彩明艳的新衣服。在爸爸妈妈为他准备丰盛晚饭的时候，萨博急不可耐地想炫耀礼物，于是悄悄地溜出了家。在街上，萨博碰到了许多动物，萨博很害怕，为了安抚它们，他就给了每个动物一件礼物，他把帽子给了长颈鹿，将鞋子给了老虎，等等。最后，他流着眼泪一件礼物不剩地回到了家。但这个故事的结局是愉快的，因为在这本书的最后一页写道，萨博的爸爸妈妈原谅了他，还为他准备了丰盛的晚饭。"

妈妈把书传给其他的人看，但她的孩子突然说："不，卢拉（Lola）。"所有的人都很吃惊。这个小家伙不断地重复着："不，卢拉。"这究竟是什么意思呢？

年轻的妈妈说："卢拉是曾经照顾过这个孩子的保姆的名字。"这时，孩子开始哭了起来，他喊着"卢拉"，声音比刚才更大了，神志好像陷入了迷乱。最后，我们把《小黑人萨博》放到了孩子手里，孩子把书翻了过来，指着封底上的一幅画。这时我们才明白"Lola"的含义。孩子把西班牙语的"Lora"（他在哭）说成了"Lola"。这幅画并不在书的正文中，而是在封底，画面上小黑人萨博正在哭。

孩子是对的，这本书的最后一幅画并不是一个愉快的画面，而是萨博在哭。没有人注意到这一点，孩子是在对妈妈所说的"结局愉快"表示抗议。这就完全合乎逻辑了。

很明显，孩子看书时比妈妈更仔细，他看到了最后一幅画是萨博在哭，虽然他还不能完全理解大人们的对话，但他准确的观察力却实在令人惊叹。

儿童的心理和成人有很大的差异，这不仅仅是一种程度上的差异，而是一种性质上的差异。儿童关注微小的细节，他们一定常常带着轻蔑的眼光来看我们，因为他们不懂得心理综合，而我们却要常常使用。因此，在儿童眼中，我们多少会显得有些无能和迟钝，因为从儿童的角度看，我们无法正确地理解他们的需要，我们不够关注细节、不够精确。如果儿童能够准确表达自己的观点，他们一定会告诉我们，他们极不信任我们，就像我们不信任他们一样，这是因为我们和儿童的思维方式有如此大的差异。这就是儿童和成人不能相互理解的原因。

儿童敏感性的指向

刚出生的婴儿是一无所知的，并且会独立向前发展。儿童特殊兴趣的形成源于其在敏感期中敏感性的指向。这种指向会以一种自然的、极富创造性的形式发展，它就像生物那样，靠从外界不断获取印象，来增加能力、逐渐成长。

敏感性提供给儿童最初的动力和能量，儿童从外界获取的各种印象被整理、排列起来，为敏感性服务。儿童所选择的印象也会帮助敏感性发展、转移。也许我们可以说，儿童对吸纳外界的印象是饥渴甚至有些贪婪的。正如我们所知道的那样，儿童易被光线、色彩和声音等吸引，并且非常喜爱。但要强调的是，这种自发的敏感性尽管可能才初露萌芽，却是一种内在动力的表现。

很显然，儿童的心理状态需要我们的尊重和帮助。儿童从一无所知开始发展他们的敏感性——人类特有的品质，甚至在他们会灵活地控制手脚、会行走之前，他们就已经沿着敏感性指向的道路前行了。

有一个非常有趣的例子能更清楚地说明这个问题：

一个婴儿出生仅仅4个星期，他还从未离开过他出生的那座房子。一天，当他看到父亲和也住在这座房子里的叔叔（两个人的个子和年龄都很相近）同时出现时，感到大吃一惊，非常恐惧。他害怕看到这两个人同时出现在一间屋子里。他父亲和叔叔请我们来帮婴儿消除恐惧。

我们要求父亲和叔叔在婴儿的视线范围内分开站好，一个站在左边，一个站在右边。婴儿转过头来看着其中一个人，看了一会儿笑了起来，但是没多久，就突然变得忧郁起来。他迅速地转过头看另一个人，只隔了一会儿，也对那个人笑了起来……婴儿重复地把头左右转动了多次，脸上交替出现着高兴和忧虑的表情，直到他终于认识到爸爸和叔叔是两个人时为止。

原来这个婴儿是分别见到这两个男人的。爸爸和叔叔总是在不同的场合单独与他一起玩儿，抱着他，与他说话，他从未见爸爸和叔叔在一起出现过。当婴儿认出了一个男人后，发现还有另一个男人，他的世界混乱了，他觉察到自己一开始弄错了，因此变得警觉起来。经过不断辨认，婴儿终于认识到，原来屋子里有两个男人。尽管这个婴儿只有4个星期大，但他已经体验了人类感觉的不可靠。

一个更大一点儿的孩子的例子也可以说明这个问题：

一个6个月大的孩子坐在地板上玩一个枕头。枕头上装饰有花朵和儿童的图案。孩子起劲儿地闻着上面的花儿，并且亲吻着上面的儿童。照看他的保姆没有受过专门的指导，她认为孩子闻或亲吻其他的东西也会感到非常高兴。于是，她急忙又拿来各种东西对孩子说："闻一闻这个，吻一吻那个！"结果孩子的心灵被打扰了，因为他正通过认识图案并用记忆来构建自己的思想，他的心灵正在以一种幸福、平静的方式进行工作。但是孩子心灵内部的神秘努力被成人打断了，而成人还不明白到底是怎么回事。

当成人突然违背儿童的意愿、打断儿童的思绪让他们分心时，他们就会阻碍儿童心灵的工作。成人拉起儿童的小手，亲吻或哄着让他们睡觉，而不考虑他们特有的心理发展，可能会压抑他们的基本需求。

另外，让儿童保留他们所获得的清晰印象是绝对必要的，因为他们只有获得清晰的印象，并对各种印象进行区分，才能发展自己的智力。

一位儿童营养专家通过实验发现：儿童的饮食必须考虑个体差异。同一种食品可能对这个孩子有益，却对另一个孩子有害。同时专家还发现，在一定年龄段内，母乳是最适合孩子的食物了。他的主张对6个月以下的婴儿产生了非常好的效果，但对6个月以上的孩子却是失败的。这的确像谜一样，因为给6个月以上的孩子喂饭要比给6个月以下的儿童喂饭容易得多。

这位教授曾做过一项有趣的实验：

有一些贫困的妈妈因为无法给孩子喂奶，去询问教授如何喂养孩子。为此教授在自己的诊所中专为她们开了门诊部。但是这些来自贫困家庭的孩子，在6个月大以后仍然坚持吃母乳，却并没有像其他住在诊所里的孩子那样表现出营养失调的症状。经过反复的观察之后，教授终于意识到，在这些现象的背后一定存在着某种心理因素的影响。教授认识到，在他诊所里的那些6个月以上的孩子由于缺乏“心灵营养”而产生了一种特殊的倦怠。当他给这些孩子提供了消遣和娱乐，而不再让他们仅仅是在诊所的平台上散步，并常常把他们带到让他们感到新奇有趣的地方去后，这些孩子都恢复了健康。

大量的实验表明，儿童在1岁之前就能够对周围的事物形成清晰的印象，并能够从图片中认出。但需要注意的是，一旦儿童获得了这些印象，他们就会很快对此失去兴趣。

从1岁之后，儿童就不会再对漂亮的东西和鲜艳的色彩产生喜不自禁的冲动，而这种冲动恰恰是儿童敏感期的特征。他们开始对我们不留心，甚至可以说不起眼、不容易感觉到的小东西感兴趣了。

我在一个15个月大的小女孩身上第一次发现了这种敏感性：

一天，我听见女孩在花园里哈哈大笑，这对一个15个月的孩子来说是很不寻常的。她坐在平台的砖地上，一副心驰神往的神态。附近有一个美丽的花坛种满鲜花，在骄阳下显得十分艳丽。但女孩并没有看花儿，她的眼睛盯在地上，显然那里有什么东西吸引了她的注意力。我被她那种奇妙神秘的神态打动了。我慢慢地走近她，仔细观察那块砖，但没有发现任何特别的东西。正当我百思不解时，女孩用郑重其事的口气对我说：“那里有个小东西在动。”顺着她的手指，我看到了一只非常微小、颜色几乎和砖相同的昆虫，正在迅速地爬行。女孩由于惊喜发出的笑声比平时大得多。这份欣喜并不是来自灿烂的阳光或鲜艳的花朵，也不是来自她周围色彩艳丽的环境。引起女孩兴趣的就是这只会跑动的小东西。

另一个与女孩年龄相仿的男孩也给我留下了深刻的印象：

男孩很喜欢明信片。妈妈为他收集了很多色彩鲜艳、图案丰富的明信片。这些明信片上有的印着蜜蜂、狮子、长颈鹿和猴子等，有的印着各种鸟类和一些儿童非常感兴趣的家畜，如绵羊、猫、驴、马和母牛等，还有的印有各种风景和景物，如房子、动物和人等。妈妈希望能够借此让男孩学到一些知识。男孩很喜欢这些卡片，并时常拿给我看。

有一天，男孩一边向我挥着一些明信片，一边用稚嫩的声音叫着：“叭——叭——”意思就是“汽车”。我意识到他是想给我看汽车的图片。然而，我知道男孩收集的明信片中并没有汽车的图片。我看着男孩手里的明信片，也没有看到汽车，于是我对他说：“我没有看到汽车。”他看了看我，然后拿出一张明信片，得意扬扬地说：“在这儿呢！”

在卡片的中间，是一只美丽的猎犬，远处有一个扛着猎枪的猎人，在一个角落里可以看到一间小屋和一条弯弯曲曲的小路，旁边有一个几乎看不见的小黑点儿，小孩用他的手指着黑点儿说：“叭——叭——”我看出那确实是一辆汽车。这辆车画得如此之小，以至于很难被注意，然而正因为小，它才引起了男孩的兴趣，并指给我看。

我想，也许男孩的注意力都被这些小东西吸引了，而没有放在学认明信片上那些漂亮和有趣的东西上，于是我挑出一张印有长颈鹿的明信片问他：“这有着长长的脖子的是什么呀？”小孩认真地回答：“长颈鹿。”我没有勇气继续问下去了。

可以说，1岁多的孩子，大自然会引导他的智力一步一步发展。

还有一个例子：

有一次，我给一个20个月大的男孩看《新约全书》。这本书很美丽，书中配有很多插图，我翻到一幅插画，给男孩讲解：“耶稣召唤小孩到他身边去，这个小孩在耶稣的怀里，你看，其他的小孩把头靠着耶稣，所有的小孩都仰视耶稣、爱戴耶稣。”

男孩的脸上没有显示出丝毫的兴趣，他开始扭动起来，完全没有把注意力放在看画上。我开始翻书。突然男孩说：“他在睡觉。”

我对男孩的话感到不解，问他：“谁在睡觉？”

男孩认真地回答：“耶稣，耶稣在睡觉。”他示意我把书翻回到插画那页，我再看这幅画时才发现，原来耶稣正在俯视着小孩，他的眼睑下垂，就像在睡觉。可见男孩的注意力被吸引到成人根本没去注意的细节上了。

我继续讲解图片，并将书翻到印有拉斐尔名画《基督显圣》的那页上。我说：“看呀，耶稣升天了，人们惊恐万分。你看这个小男孩是怎样转动眼珠的，这个女人怎样伸出手臂……”我意识到我选择了不合适的图画，我的讲解也无法吸引住他的注意力。但我感兴趣的是观察孩子和成人对这样一幅复杂的画面的不同反应。男孩只是轻轻地咕哝了一句，似乎在说：“嗯，继续往下翻吧！”他的小脸儿没有显示出丝毫的兴趣。我又开始往下翻。这时，我看到他抓起了挂在脖子上的一个形状像兔子的饰物，然后叫着：“小兔子。”我以为他被那个小饰物吸引住了，但他又示意我往回翻书，我又翻了回来，发现在《基督显圣》这幅画的一侧确实有一只小兔子。

有谁会注意这只小兔子呢？很明显，儿童与成人拥有截然不同的视角，这不仅仅是程度和大小的差距。

源于内心的活动需求

观察中我们会发现，这一年龄的儿童会努力地完成一项活动。虽然他们所做的事情在成人眼里可能显得有些可笑，但这丝毫没有影响他们要完成这件事情的决心。他们这样做源于内心的一种需求。当孩子的行为被打断，他们的性格就会因此发生变化，做起事来也会失去目的性和积极性。让儿童为自己要做的事情做好准备，并坚持完成它，是很重要的。

从另一个角度来看，这一切其实都是一种形式的准备。我们在生命的整个过程中都在为将来做准备。我们可以发现，那些获得巨大成功的人在生命的这一阶段很少受到打扰。持之以恒的做事态度也可以被视为一种精神上的准备。我们应该让儿童做完自己的事情。

我们曾经讨论过，儿童往往用一种非常有趣的方式满足自身的需要。我们会看到不满2岁的孩子毫无目的地去拿某个东西，而他们其实根本拿不动。我的一个朋友家里有很多非常重的工具，一个1岁半的孩子十分吃力地把这些工具挪过来挪过去。儿童往往都很喜欢帮助大人摆桌子。他们会兴致勃勃地去拿一屉比他们的个头还大很多的面包。他们会不停地把东西拿到另一个地方，直到累了才停下来。成人经常担心孩子会累着，可心理学家指出，如果成人这时去帮助儿童，不利于儿童行为的发展，更会进一步影响儿童的心理发展。很多有精神问题的儿童都可能曾受到过这种打扰。

儿童经常要做的另外一件事情就是爬楼梯。成人爬楼梯是有目的的，儿童爬楼梯却并没有任何目的，他们爬到楼顶之后可能还不满足，然后会跑到下面重新再往上爬，这样不停地进行好几次。很多学校的操场上都有一些木质或水泥质的滑梯，儿童会去爬滑梯并不是因为他们要滑下来，而是要爬上去，他们在这种劳累中感受到了快乐。

大部分成人都会去干涉儿童的行为。心理学家们倡导专门为儿童开辟一片活动的天地，让他们可以在那里自由地做各种事情。为了实现这个目标，我们应该创建托儿所和婴儿学校，特别是针对那些1岁半以上孩子的需求创立学校。这种学校里的所有东西都是为儿童特别设计的。它可能有一个建在树顶的小房子，下面放一个梯子，儿童可以通过爬梯子上下走动。这个房子是为儿童建造的，并不是用于生活和休息的。正如当儿童想要拿东西时，他们肯定会选择最重的一个那样，儿童也往往会选择比较难爬的地方，并从中感受到乐趣。

儿童的这些行为没有什么明显的外在目的，只是给他们提供了锻炼自身协调能力的机会。身体肌肉的协调运动是儿童模仿成人行为的前提。完成这项准备工作，他们才能开始对成人进行模仿。这时候，外界环境才能对他们产生激发作用。比如，儿童看到有人在打扫地板或做蛋糕点心时，他们自己也会去做。新鲜的事情可以引起孩子的兴趣，激发他们的行为。

有吸收力的心灵

精神胚胎

★“精神胚胎”是生命路程的新起点

婴儿刚一降生就要进入一个特殊的成长阶段。在这个阶段，他们要经历一种与胚胎期的生理性成长完全不同的成长，这是一种精神层面的成长。新生儿所面临的生活与子宫中的生活不同。当然，这个阶段也不同于他们将来长大成人后要经历的成年阶段。新生儿在这一特殊的成长时期所要经历的活动都是极具创造性和构建性的，所以在某种意义上我们可以将之称为“精神胚胎”。

人类似乎有两个胚胎期：一个是在出生之前，这是与其他动物相同的；另一个是在出生之后，这是人类所特有的，并使人类区别于其他动物。婴儿在出生那一刻完成了生命的一次飞跃，他们进入第二个胚胎期，这是他们生命新旅程的起点。在这个阶段，婴儿能够获得其他动物所无法具有的能力。正是由于第二个胚胎期对人类具有如此重大的意义，我们才更有必要对它进行研究。

我们之所以能辨别不同的物种，是因为它们之间的差异性而不是相似性。一个物种之所以能够称为物种，正是由于它与其他物种之间存在着差异。一个新物种的出现不只是对前一个物种的继承，虽然它可能会表现出前一个物种的某些基本特点，但是它也会具有新的特征。正是由于物种在发展过程中表现出这种特殊的“喜新厌旧”，生物王国才变得生机勃勃。

因此，在恐龙灭绝之后，哺乳动物和鸟类的出现为自然界带来了新的气象。它们不仅继承了原有物种（爬行动物）的特点，还表现出了很多新的特征。比如，鸟类加强了对鸟蛋的保护，它们会有意识地筑巢以保护幼鸟。相反，爬行动物却经常丢弃自己产下的蛋。而比鸟类进化得更完善的哺乳动物对幼崽进行保护的本能也更加强烈。它们在孕育期间把幼崽放在了自己的体内，用自己的血液为其提供营养。

与其他哺乳动物相比，人类则更进一步，又具有了一些新的特征。其中，最显著的一点就是人类拥有两个胚胎期，这也是人类区别于其他物种的一个典型特征。

由此，我们必须站在一个新的起点之上，对儿童的发展和人类的心理进行研究。如果人类的劳动与他们的精神和创造性智慧有关，那么精神和智慧必定会成为人类存在的支点。人类的行为和活动将把这个支点当作基础展开，人类也将以此为前提获得发展。

★ “精神胚胎”与周围环境的关系

经验告诉我们，心理状态能够对行为产生影响，生理上的疾病常常是由一定的心理原因导致的，即由心理失控引起的。

如果人类的天性是由心理所控制的，人类的所有行为都是心理的外在表现，那么我们就应该对新生儿的心理世界给予更多的关注，而不是像现在这样将更多的注意力放在儿童的身体健康上。

成长中的婴儿不但具有学习的能力，能学会像成人那样运用力量、智慧和语言等，还具有根据周围环境塑造自己性格的能力。婴儿具有一种与成人完全不同的心理状态，他们同周围环境的关系也与我们同周围环境的关系不一样。成人可以记住环境中的东西并加以思考，婴儿则对环境进行吸收。婴儿不仅能记住周围的事物，还能将这些事物转化为心灵的一部分。成年人对所见所闻可能无动于衷，但婴儿要根据自己的见闻来塑造自我，这些看到的和听到的东西会成为儿童个性的重要影响因素。这种无意识的和具有吸收力的记忆类型被生理学家帕西·纳恩先生称为“记忆基质”。

其中，儿童的语言学习就是一个典型的例子。儿童在学习语言时，不是记住了如何发音，而是形成了发音的能力，并将其充分发挥出来。儿童讲话时所遵循的语言规则和特殊用法，并不是由学习或记忆得来的，他们可能从来都没有对语言进行过有意识的记忆，语言是作为他们生活的一部分被他们“吸收”的。

毫无疑问，我们现在所讨论的问题与记忆完全无关，却是儿童思维最重要的部分。儿童具有一种特殊的敏感性，能够帮助他们学习周围的知识。他们的观察能力和吸收能力，使他们能够逐步适应周围的环境。在童年这个特定阶段，儿童是在无意识中完成这一过程的。

儿童生命的第一阶段是适应阶段。在这里，我们首先必须准确地理解“适应”一词的含义。这里所说的“适应”与成人的适应行为完全不同，我们要加以区别。正是因为拥有特殊的适应能力，儿童的出生地将成为他们永远的家园。这就好像他们初学语言时学得最快、说得最流利的语言就是母语一样。一个生活在国外的成年人永远也无法像婴儿那样适应环境。想想那些远赴他国的传教士——他们主动前往遥远的国家，但如果你问他们的感受，他们会说：“我们虽然身在异乡，但心系故里！”这说明，成人的适应能力是非常有限的。

对于儿童来说，他们对生养自己的环境非常喜爱，不管那里的生活多么艰难，他们都能感受到从其他地方无法获得的快乐。每个人都会适应和喜爱生他养他的环境。这种喜爱是在儿童时期形成的，成人仅仅是把它延续下去而已，他们在内心深处已经属于生他养他的环境，他们必须去爱这片土地，他们在其他任何地方都找不到这种平和与愉悦。

对于我们来说，心灵的吸收能力是至关重要的。它能够促使我们成长，并且让我们适应外部的气候和社会环境等条件。我的所有研究都是以此为基础的。每个人都会说：“我喜欢我的国家。”与之相反的言论往往无法得到他人的认同。

通过研究儿童的这种特殊心理能力，我们可以了解婴儿是如何吸收出生地的传统和习俗，成为一名具有时代特征的“当地人”的。适应当地的行为方式也是一个人在童年时期完成的。没有人天生就能适应某一地区的习俗，这些都是后天养成的。由此，我们对儿童的行动有了一个更全面的了解。儿童的行为发展不但能够适应时代和地域的要求，也能够适应出生地的风俗习惯。

印度人对生命非常尊重，甚至对动物也是如此。对于成人来说，我们无法拥有这样虔诚的感情。仅仅说“生命应该被尊重”这样的话是不会使我们像印度人一样尊重动物的。我们可能会认为，印度人的观念是正确的，我们应该尊重动物，但这对于我们来说仅仅是一个判断而已，并不能激起我们内心的情感。比如，印度人对牛的感情是欧洲人永远也无法体会到的。即使内心挣扎，印度人也不会改变自己对动物的感情，这在他们的心中早已根深蒂固。印度人的这种心理表现看起来好像来自遗传，但事实上这是他们在婴儿时期从周围环境中获得的。在我们的学校边上，我曾看到这样一个有趣的例子：

一天，一个2岁多的印度小孩蹲在一个花园里，他好像正在用手指画着横线。我走过去，想看看他到底在干什么。我发现在孩子手指下有一只少了两条腿的蚂蚁正在艰难地爬行着，那个孩子正在用手指帮助蚂蚁爬行。

很多人都会认为，这个印度小孩是受到了遗传的影响才会这么喜爱动物。在这个问题上，出生在宗教信仰不同的国家中的孩子可能会拥有不同的态度，有的孩子可能会上前去踩死蚂蚁，有的孩子可能会毫不在意地走开。那些对动物没有感情、认为动物不能与人相提并论的人，可能会原谅这些行为。关于这一点我们可以说：是否拥有对动物的热爱和尊敬的情感，取决于人。

每个国家都有不同的宗教信仰，但人们在批判传统（即使批判的是陈旧的传统）的时候，他们都会感到强烈的不安。因为这种情感和信仰已经成为他们身体不可分割的一部分。用一句欧洲的名言来形容就是："它流淌在我们的血液里。"社会习俗和道德习惯是一个人个性等各种情感形成的基础。拥有了这种特殊情感，我们才会成为一个典型的印度人、意大利人或英国人。这种情感是我们在婴儿时期由一种被称为"记忆基质"的神秘精神力量影响而形成的。

这个结论也适用于人的习惯性动作、神态、步态等。这些方面在不同的种族之间都具有不同的特征。一些非洲人就具有追捕猛兽的特殊心理倾向，而另一些非洲人则努力锻炼自己的听觉以逃避猛兽，这些人的听觉都异常敏锐。儿童由心灵吸收得来的具有个性的内容会永久存留在自己的头脑之中，虽然这些具有个性的内容以后会因为某种原因不再使用，但在潜意识里它们仍然存在。因为人在婴儿时期形成的东西是无法完全清除的，它们会永远留存下来，成为我们个性的一部分。“记忆基质”（我们可以把它视为一种超记忆形式）不但可以创造个体的特性，而且可以将这些特性以极具生命力的形式保存在体内。成人在儿童时期所学习的东西，也会在他们的肢体和器官上打下永久的烙印。

婴儿的成长以心理为起点

婴儿要为以后社会生活的展开做好准备，就要在出生之后适应自己生活的社会。婴儿不是在出生时就具有这些能力的，而是在出生之后逐渐形成的。婴儿出生之后最重要的工作就是适应。因为他们不像其他动物那样具有某种类型的天赋本能。

婴儿在身体还远没有发育成熟的时候就开始不断地完善自己，直到他们完全成为一个成熟的人，拥有成熟的能力。他们不像刚出生的动物那样具有一定的天赋本能，能马上适应周围的环境。婴儿在出生后的一段时间里，还会继续胚胎时的生活状态。但是，在此过程中，他们将会完成一系列人类本能的发展。

既然婴儿不像其他动物那样拥有一定的天赋本能，他们就不得不靠自己，构建自己的心灵生活，建立自己对外传递信息的机制。

婴儿这个弱小的生命，甚至在他们还不能支持自己脑袋的重量时，就已经开始了一个重要的旅程。先学会站立再学会走路，婴儿逐渐把自己融入自己生活的世界中。

考格西尔[1]曾指出：机体的器官是在神经中枢形成之后形成的。儿童的巨大潜能为考格西尔的论点提供了有力的佐证，那就是：一个人的行为类型在他们能够做出行为之前就已经形成了。婴儿的成长不是以身体为起点，而是以心理为起点的。

婴儿出生的时候，他们的器官发育还远远没有完成，他们的骨骼没有完全钙化，运动神经也没有完全被髓鞘质所覆盖，无法准确接收大脑发出的指令。因此，婴儿的身体还处于反应迟钝的阶段，他们仅仅是人的“雏形”而已。

儿童的成长包括很多方面，每一方面的成长都要遵循一定的规律。经过对婴儿从生后到发展的细心研究，我们发现，当婴儿的头骨愈合之后，当他们的囟门、骨缝逐渐闭合之后，他们的整个身体结构就开始发生变化了，骨骼的钙化也逐渐完成。我们知道，这时脊柱神经已经被髓鞘质完全覆盖，机体调节平衡的中枢——小脑，在刚出生时是非常小的，这时也正在进行着高速的发展，达到了一个与大脑半球协调的比例。最后，内分泌腺以及消化系统逐渐形成。

以上过程已经为大家所熟知，这说明身体发育是一个持续的过程，是一个与神经系统同步发展变化的协调过程。比如，当小脑没有发展到足够的成熟度，儿童就无法保持平衡，也就无法完成坐稳、站立等活动。即使这时对婴儿进行有意识的教育和训练，也无法改变这种状况。

发展的本能使婴儿的运动器官逐渐开始接收大脑的指令，并以一种混沌的方式进行运动，以帮助婴儿在周围环境中汲取经验。依靠这些经验和练习，婴儿的运动变得更加协调，直到可以完全正确地完成大脑的指令。

1　考格西尔（1872—1941），美国解剖学家。他为行为发展与神经系统发展理论的完善做出了巨大贡献。

人类与其他动物不同，不能一出生就进行协调的运动。人类学会运动是一个逐渐协调的过程。婴儿在刚出生时大脑就像一张白纸，他们必须靠自己摸索获得经验。这与其他幼小的哺乳动物完全不同，那些小动物在出生之后就可以马上进行走、跑、跳等活动，能够很快学会一些高难度的动作。比如，遗传了跳跃能力的动物，在出生后不久就具有跃过障碍快速逃跑的能力。

刚刚降生的婴儿并不具有这些天赋本能，但人类具有学习的天赋。我们可以通过学习掌握各种各样高难度的动作技巧，比如，体操运动员、飞行员、舞蹈演员、音乐家、钢琴家等就是如此。但这些却不是在运动器官成熟过程中自然而然形成的，而是从运动经验和实践中获得的，换句话说，这一切都是教育的结果。出生那一刻，每个人都是站在同一起跑线上的，是人们自己将各种技巧发挥到极致的。

在阐明这个观点之前，我需要接受这样一个事实：虽然身体是运动的物质基础，身体必须达到一定的成熟程度才能进行运动，但是心理发展却不依赖于此。我们已经知道，人类最先发展的是心理，器官的发展是在心理发展之后开始的，并由心理所控制。但在器官能够进行运动之后，心理还会进一步发展。这时，心理的发展是通过运动的过程，从周围的环境中获得经验而实现的。因此，如果一个孩子的运动器官在发育成熟之后被限制运动，那他的心理发展也会受到阻碍。虽然心理的发展没有界限，但却在很大程度上取决于运动器官的使用，而运动器官一直是自主发展的。

心理的发展只与一种神秘的力量有关，就是要适应以后的生活。每一个个体都有圆满完成这一过程的能力，但我们对处于“精神胚胎”阶段的婴儿，还无法进行观察。

在这一期间，我们只能观察到，所有婴儿都是非常相似的，就像我们所说的：“所有婴儿刚刚出生时都是站在同一条起跑线上的，他们都遵循同样的规律成长。”人类大脑的发育与胚胎的发育具有相似的特点。由于细胞的分裂通常都要经历相同的阶段，因此我们很难找出一个胚胎与另一个胚胎之间的差别，但这些胚胎却有的长成了蜥蜴，有的长成了鸟，有的长成了兔子。所有这些动物的胚胎开始时都是一样的，最后却产生了巨大的差别。

因此，我们可以说，无论是天才的艺术家，还是受人拥戴的领袖；无论是道德高尚的圣人，还是普普通通的平凡人，他们都是由“精神胚胎”发展而来的。即使是一些再平凡不过的普通人，也拥有不同于他人的个性，他们在整个社会中也会占据不同的位置。很显然，他们不会像低等动物那样完全依赖遗传的影响，以同样的方式做同样的事情。

但是，我们无法预测“精神胚胎”的这些后期发展过程和他们的不同结局，我们也不能在人类形成的生理性胚胎阶段对其进行规划。

对于处在“精神胚胎”阶段的婴儿，我们能做的只有帮助这些生命适应环境，进而促进其发展。这是人类发展的第一阶段，是人类心理发展历程的开始。如果在这一阶段，我们能够根据婴儿的需要对其进行某种程度的帮助，这对他们以后个人能力的发展将会有很大的帮助。

但是，我们对幼小的婴儿进行帮助时，必须遵循一条原则，那就是如果成人的教育从婴儿出生之后就开始，那么这种教育就必须适应这一时期婴儿自身的发展规律和需求，要保证婴儿在接受教育的过程中，仍然以宁静、愉快和不懈努力的状态发展。这条教育原则适用于印度婴儿、中国婴儿、欧洲婴儿等，也适用于不同社会阶层的婴儿。归根结底，我们的任务就是对儿童进行研究，并且为他们的发展提供更好的服务。

“星云”式能力

在出生后的最初几天，发生了一件非常重要的事情。在与哺乳动物的遗传行为的觉醒进行比较时，我们推测婴儿身上也可能有类似的情况发生。因为婴儿虽然不像其他动物那样有遗传的行为模式可以遵循，但他们拥有形成这种行为模式的潜在本能。这种本能能够通过他们对周围环境的学习和吸收，发挥出来。

由此，我们提出了“星云”的概念。我们将婴儿的这种从周围环境中学习、吸收知识的创造性能力比作天体中的“星云”。天体中星云之间的距离非常遥远，几乎到了没有密度的程度。但从遥远的星体看去，它们却具有一定的密度。

与之相比，儿童从“语言星云”中获得了接受刺激、学习语言的能力。这种语言不是儿童天生就会的，而是儿童在一定规律的支配下，通过与周围环境的接触，逐渐学习、吸收的。在这种“星云”式能力的作用下，儿童在学习语言时可以区别不同语言的发声，逐渐学会使用语言。而且，儿童以同样的方式学习、吸收社会习俗和传统习惯，使自己融入他们所生活的社会。

“语言星云”并不决定儿童要学习哪种语言，但可以帮助他们学习出生后生活环境中的语言。所以，在不同国家和地区，儿童学习语言的时间和过程几乎相同。

由于遗传的作用，刚出生的动物很快就可以发出能够让同伴理解的声音（动物的语言）。而人类在出生后，却需要很长时间才能从周围环境中学会语言。这是人与动物的本质区别。如果一个荷兰儿童在意大利长大，不管他的祖辈曾在荷兰生活了多长时间，他会说的语言都是意大利语，而不是荷兰语。

显而易见，儿童并没有遗传某种语言模式，而是遗传了在潜意识中吸收、学习语言的能力。这种潜能就像生殖细胞中的基因，可以精确地控制细胞长成一个精密而复杂的器官，这就是我们所说的“语言星云”。

同样，与儿童对周围环境的适应能力有关的“星云”及其行为模式，也并不受到父辈行为模式的遗传影响。我们现在的文明程度也不是靠遗传而来的，但是，遗传却赋予了儿童在出生之后按照特定模式从周围环境中吸收、学习的能力。这对于儿童在其他方面的学习来说同样适用。卡瑞尔[1]这样写道：“科学家的儿子不会通过遗传得到父亲的知识，如果他们被弃于一个荒岛，他们就可能会像穴居的克鲁玛努人一样生活。”

读到这里，可能很多读者会有疑问：各种具有不同能力的“星云”是不是都是各自独立的，并非一个整体？在这里我要澄清一下我的观点，我们所谈到的“星云”仅仅是一个比喻。大脑的工作模式与天体的运行是完全不同的。对于我们来说，人的心理是一个动态的整体，通过从周围环境中主动吸收知识来完善自身的结构。心理活动由一种神秘的力量——有目的的行动——指导，这与“星云”的运行是完全不同的。

假设某个孩子的“语言星云”由于某种不得而知的原因无法工作，不能学习语言，这时即使他的听觉器官、视觉器官和大脑都正常，他也是不会说话的。这种情况并不少见，我就曾遇到过几个这样的例子：经专家测试，这些孩子的耳朵和神经都正常，却不会说话。他们不会说话的原因就像谜一样。这时，我们应该研究一下这些孩子在出生后的前几天是否发生了什么异常的事情。

1　卡瑞尔（1873—1944），法国实验生物学家、医生。他为进一步研究血管和器官的移植奠定了基础。

这个理论可以解释很多其他领域无法解释的问题，比如，在解释社会适应能力的问题时，这个理论可能比“出生创伤”理论具有更高的实用价值。我认为，很多人出现的回归倾向是因为他们的社会适应能力没有在童年时代得到正常的发展。由于这些人在童年时敏感性没有正常地发挥作用，外部世界对于他们来说缺乏吸引力，虽然他们本应通过对周围环境的学习逐步发展完善，但他们不肯从周围环境中吸收知识或没有运用正确的方法吸收知识，他们不再“热爱”周围的环境。

当然，在种族特征、传统、宗教等的传承上也是一样。如果儿童不是以一种正常的方式进行吸收，也会产生一种道德上的偏差，他们就会在其所处的社会中显得不合时宜。人类并非通过遗传获得某种行为模式，而是因为具有一种特殊的具有创造力的敏感性。如果儿童逐步适应了周围的环境，那么很显然，他们的心理生命就会以出生后最初几年所处的环境为基础。如果孩子出现了问题，我们要问一问自己，是什么使孩子的创造敏感性出现缺失或发展迟缓呢？我无法直接回答这个问题，只能在那些出现问题的人身上寻找答案。

我曾遇到过一个这样的例子：

有一个问题男孩，他的性格不招人喜爱，不听话也不爱学习。虽然他长得很漂亮，很聪明，也很健康，但是没有人愿意搭理他。这个男孩为什么会变成这样呢？

原来这个男孩在出生后的15天内曾患过严重的营养不良，体重急剧下降，几乎到了皮包骨的状态，脸部更是瘦得没了人形。照料他的护士觉得他难看，并叫他“皮包骨”。除了刚出生后的这两周，男孩以后的成长发育都很正常。

现在，男孩长成了一个强壮的孩子，但是却可能在未来成为一名犯罪分子。

当然，现在还有许多假设有待一一考证。但有一个事实是非常重要的，感知的“星云”对儿童心理发展的指导作用，就如同基因能够决定受精卵长成人体一样。因此，我们应该像其他高等动物那样，在婴儿刚出生后的那一段时间，给予他们特殊的照顾。我们在这里所说的不仅仅是指要在婴儿出生后的第一年、第一个月给予他们特殊的关心，也不仅仅是指要在身体上关心他们。我们的目的是提醒父母注意这样一个重要的问题：我们必须恰当、准确地遵循规律，运用正确而得当的方法给予婴儿必要的照顾。

儿童的敏感期发展

在孩子敏感期进行适当的教育

对孩子的教育是否从孩子一出生便开始，一直是大家热烈讨论的问题，至于如何进行早教却还没有谈到。这个问题似乎并不注重实际，显得理论性过强，不像让孩子如何健康成长那样具体。

有医生为1岁孩子开设了一所专门的学校，帮助孩子进行一些手和脚的运动。这真是一件糟糕的事情，这样做很有可能对柔弱的新生儿造成运动伤害，再说新生儿需要学习的内容已经够多的了。但是不让新生儿做任何活动，过于保护也是没有必要的。只要明确一个原则，那就是在指导新生儿活动时，不要做像上述那些特殊学校所做的事情就可以了。成人帮助孩子进行手和脚的运动，就是将成人的行动方式套在孩子身上，将孩子变成小大人的样子，这十分错误。成人只需要让孩子按照自己的方式发展、活动，不要进行干扰，就是对孩子最好的帮助。

孩子开始肢体运动是由其内在的能力激发，是孩子自主、自愿的行为。肢体的活动是人体自我意愿的表达，因此只有孩子依照自己的意愿进行肢体活动，孩子的肌肉才能得以正常发展。对此，我们只能静观其变，并通过各种渠道去了解孩子的成长过程。我们要仔细观察孩子，并从中总结出一些方法，因为我们无法用语言与这么小的孩子沟通，而方法能让我们尽可能地了解孩子。

1岁以内的孩子不能完全控制自己的身体，需要成人给予特别细心的照顾，而一旦不舒服或不高兴就会大声哭闹，让一家人都不得安宁。成人只会从生理健康方面照顾1岁以内的孩子，而忽视他们的心理发展和心理需求。婴儿期经历已经能对一个人的性格和品德有所影响，任何伤害或阻碍孩子成长和发展的事情，都会严重影响到孩子日后的性格和品德的形成。

要想了解孩子的心理发展，找到能够作为指导新生儿成长的模式，我们就必须认真观察孩子的一举一动，捕捉到孩子最细微的表情和动作。

教育学家将婴幼儿时期定义为“软蜡”（ceramolle），认为可以对这个阶段的孩子进行适当的指导。我认同“软蜡”这个观点，可这些教育学家觉得孩子应该由他们来塑造是不对的。实际上，孩子能自觉自发地塑造自己，正确的理念应该是让孩子通过各种方式确信自己、塑造自己。而在孩子眼中全能、权威的成人，很可能会粗暴打扰、介入孩子的自我塑造过程，将孩子在“软蜡”上自己勾勒出来的轮廓毁掉。将成人的这一行为说成十恶不赦，并不过分。

就算成人对孩子的打扰是无意的，但也已经对孩子精心营造、构建的东西造成了无法弥补的损坏。孩子会在成人不注意的情况下，重新营造自己的世界，可成人仍然会粗暴地毁掉一切。就这样，双方的冲突会一直持续，直到孩子妥协为止，那时孩子将不再拥有自己的主见，不再想做自己愿意做的事情。

因此，在孩子的敏感期进行适当的教育是非常重要的，比之后的任何时期更为重要。成人一定要顺应孩子的自然成长过程，不要粗暴、盲目地干扰、阻碍其正常发展，就像地狱魔鬼和天神之间的关系一样：天神拥有创造的力量，而魔鬼则拥有毁灭的力量。作为教育者，我们要用自己善于观察的能力去了解孩子，并做出正确的选择，弄清楚怎么做才是真正对孩子的成长发展有好处。我们一定不能用自以为正确的方式，那样很可能会对孩子造成伤害。让孩子自我成长、自由建造，而不是在成人的“指导”下进行。这是一个让很多人难以理解的概念，因为大多数人仍然认为成人才是孩子性格和品德的创造者。请成人抛掉这个错误观点，静心思考一下自己犯下的错误。

理解了孩子才是真正的创造者之后，我们就需要更了解孩子的人格形成。无论是对新生儿还是对大一些的孩子施教，教育者首先要做的事情就是仔细观察孩子的人格，尊重孩子。当我们因为怕孩子的吵闹而拒绝与他们一同相处时，就是对他们的不尊重。一件事情如果能让成人觉得开心舒服的话，孩子的感觉也会很不错。例如，当大家共进晚餐的时候，将孩子一个人孤零零地关在另一个房间，将其单独隔离开，这对孩子非常不尊重，相信没有人会用如此不尊重的态度对待成人。我们应该平等对待孩子，让他们与我们一起坐下来吃饭，并深感能与孩子坐在一起是一种“荣幸”。成人要多与孩子亲近，并使自己愿意与孩子多待在一起。

敏锐的观察力

孩子拥有非常敏锐的观察能力，这种能力让很多成人无法想象。因此，成人根本就不需要用艳丽的色彩和高音贝的声音引起孩子的注意，孩子本身就有很强的观察能力，能观察到许多事情，不只是具体事情的形象，还有动作的影像，还能观察到事物与事物之间的联系。很多东西，在成人还未注意到的时候，孩子已经观察、了解到了。

举一个与婴儿有关的例子。家长抱着几个月大的婴儿在看一幅画了许多水果的画，家长一边看画，一边在假装吃东西。这个原本只会喝奶的婴儿，看到家长吃东西的样子便会模仿。看到孩子如此感兴趣，家长就一直抱着他站在画前，一直到他觉得有些无趣才走开。这位家长是真正的“教育家”！家长激起了孩子的内在潜能，模仿成人吃东西的样子，并给予孩子足够的时间去进行这项活动。

当一个小孩看见大厅里芭蕾舞者的雕像，就会翩翩起舞。这是由于孩子看到别人跳芭蕾舞，所以一看到这座雕像就会知道这是跳舞的姿势。

孩子若是对房间里某些东西特别感兴趣，就会很快发现原来不属于这间房子里的东西，并向成人询问是什么东西。例如，有个小女孩外出游玩时看见了墙边的一块石头，她对这块石头很感兴趣，之后女孩每次出门都会停下来看看墙边的小石头。

孩子拥有敏锐的观察力，他们都喜欢看亮光、鲜花和动物，并将他们看到的东西依照顺序储存在大脑里。孩子会做一些事情来满足自己观察的欲望。例如，当看到大人说话时，孩子会观察大人说话时的嘴形。由于很多成人并不了解孩子的这一能力，所以他们总是以大声说话或者大声叫出孩子名字的方式来吸引孩子的注意。其实完全没有必要，成人只需要做出假装说话的动作，哪怕只是嘴部细小的动作，都能让孩子专注地观察。成人说话的样子让孩子很感兴趣，因为他们对语言有种天然的敏感——孩子内在的发展规律要求孩子在这个时候需要完成这个任务。如果将一个4个月大的婴儿放在一个只动嘴不出声的人面前，婴儿会很认真地观察那个人嘴形的变化。成人的动作激发了孩子想要模仿的内在动力，这与孩子的成长发展规律是相符的。

成人要敏锐观察孩子的需要

我们再来看看较大一些的孩子。我曾经接触过几个日本爸爸，他们对孩子的了解程度甚至超过了我们。一位爸爸在带他2岁的儿子散步时，孩子突然坐在地上，这位爸爸没有大声斥责，命令孩子“快起来”，而是耐心地等待孩子自己站起来。这位爸爸体现了对孩子的尊重，不是用长者的身份而是像朋友那样对待孩子。还有一位爸爸，在跟孩子做游戏时，将自己的双腿分得开开的，让孩子在双腿间穿来穿去。这位爸爸在做这个可笑姿势的时候，脸上还保持着长者的尊严。我很敬佩这两位爸爸，他们能从传统的育儿经验中找到适合孩子成长的教育方式，而很多人只是急着让孩子尽快成为大人，成为社会中的人。

我在米兰遇到了一位妈妈，这位妈妈还曾上过蒙台梭利的课程。她当时正在牵着孩子的手要过马路。这时路边教堂里的钟声响起，孩子停下了脚步，想聆听钟声，可妈妈并没有感受到孩子的心情，只是一味地责骂并催促孩子快些走。看得出，让成人不要总是打扰孩子的成长是件非常难的事，但确实非常有必要。要想让成人做到这一点，需要成人了解孩子的需要，并且在与孩子的相处过程中控制住想用自己的方式去塑造孩子的冲动，要充分尊重孩子的成长，让每一个独特的个体都能得到内在生命的自我创造。

我们都知道，孩子不能缺少新鲜的空气和阳光，但这两样只是对孩子的身体有好处。从心理角度看，即使孩子身上洒满了阳光，可心里或许连一丝光线都照不进来。这是因为成人用粗暴、无知的力量毁掉了孩子身上拥有的内在力量——缓慢、重要且脆弱的自我建造。

成人要想给孩子提供适当、正确的帮助，就必须学会细致、敏锐地观察出孩子的需要和感受。如果想制订一套适当的育儿方法，那么首先要做的事情就是让孩子参与到成人的生活之中。因为在孩子的成长过程中，必须对成人的行为进行模仿，如果孩子连成人是怎么做的都观察不到，他们就无法模仿，自然无法学会，就像失聪的人很难学会学好说话一样。我们要求成人尽可能多地与孩子相处，多让孩子参与家庭生活，可成人总是觉得难以做到。其实与孩子相处，并不会占用成人多少时间和精力，这只是一个心态问题。一个不模仿成人、不会提问的孩子，就像没有灵魂的躯壳一样。而由于偏见，我们提倡成人多陪伴孩子的观念得不到大多数人的认同，很大一部分人认为最健康科学的教养理念是孩子需要很多睡眠。可为什么要强迫孩子睡觉呢？其实如果让孩子多待在大人身边，他们想什么时候睡再什么时候睡，就能发现孩子并不需要过多的睡眠时间。

在北欧，人们坚持让孩子早早就上床休息，这一做法并没有什么科学依据，但很多人都这样去做。曾有一个孩子跟我说，他很想看一下人们谈论的美丽的星星到底是什么样子。由于这个孩子早早就入睡，他根本就没有看到过星星。早早就让孩子入睡的传统会使孩子觉得，进行自我建构是件非常累人的事情，他不得不跟成人斗争，最终成人毁掉了他的自主建造，孩子不得不服从命令早早上床休息。

我们基本的教育观念是，绝不能成为孩子成长发展道路上的绊脚石。我们要做的事情，并不简单，也不会很难。最难的事情是，去除一些先入为主的观点和偏见，只有观念正确了，才能教育出好孩子。

第二章
如何陪孩子度过敏感期

家庭教育的原则

父母的责任

现在，妈妈们在照顾孩子时就像以往一样，掌握了丰富的知识与纯熟的技巧。她们懂得均衡营养的重要性，知道如何让孩子适应环境，也了解孩子在空气清新的环境中玩耍有助于肺部发育。但是，孩子并不是只需要喂养的小动物，他们从一出生起就具有了心理生命。如果我们真正为孩子的幸福着想，那么对他们只进行身体上的照顾是远远不够的。我们还需要为孩子的心理发展提供帮助。从孩子出生的第一天起，我们就应该尊重他们的心理冲动，并寻求帮助他们的方法。

在照顾孩子身体健康方面有一定规律可循。但是，在孩子的心理健康方面，其原则所包含的范围是非常广泛的，而且至今仍有许多内容都还是未知的。我们现在可以确定的只有，孩子需要的绝不仅仅是食物而已。在不受成人干扰的情况下，孩子独立完成一件事情以后表现出来的那种骄傲高兴的情绪，就是在向我们宣告，他们有发挥丰富的内在潜能的需要。我们应该引导孩子，为孩子创造机会开发潜能，而不应阻碍他们的活动。

我们必须让孩子生活在一个他们能够自己掌控的生活环境里。一个属于孩子的小盥洗台、几把小椅子、一个孩子能拉动抽屉和柜门的小柜子、一些孩子能够独立使用的日常用具、一张小床、一条孩子可以自己叠放的漂亮毯子……我们要让孩子生活在一个既能居住也能玩耍的环境中。在这样的环境中，我们会看到：白天，孩子的双手在不停地忙碌；夜里，他们只想赶快换上睡衣，爬上自己的小床，睡一个好觉。在这样的环境中，孩子能学会自己照顾自己，自己收拾房间，自己穿衣服，自觉地养成健康的饮食习惯。孩子会变得既安静又有礼貌，不哭不闹，也不调皮捣蛋，会成为一个友好而听话的“好孩子”。

家庭教育的原则

我们的教育不仅为孩子提供了一个适合他们发展的环境，而且还认识到了孩子喜欢工作，并有较强的秩序感。我们强调对孩子进行生活观察的必要性，希望能在孩子的心理发展之前察觉到孩子的需要。在教育孩子时，我们要运用已掌握的人体保健知识，帮助孩子获得新的进步。对我们来说，孩子心理上的健康发展是最为重要的，这是新式教育的基础。

下面是我列举的几项原则。希望妈妈们能在此基础上找到最适合自己孩子的方法。

★ 第一条原则：尊重孩子所有正在进行的合理活动，并努力了解他们的活动目的。

内在潜力是促使孩子在各个方面进行努力的动力。但是，我们却常常漠视孩子在生活中表现出来的潜能。当谈到孩子的活动时，我们脑海里浮现的只有孩子曾经被我们观察到的某些特定行为。而我们之所以能观察到这些，是因为只有这些行为引起了我们的注意。浮现在我们脑海里的，可能是曾让我们领教过的孩子调皮捣蛋的行为，可能是孩子受不了一再被压抑终于爆发的失常心理表现。事实上，孩子活动的真正征兆并不是非常明显的。我们一定要相信孩子拥有善良的本性，我们要用充满爱心的关怀，来发现孩子善良的本性。这样，我们才能逐渐对孩子做出准确的评估。如果父母希望对孩子的自然行为能有一定程度的了解，就应该遵照以上的建议，做好发现孩子善良本性的准备。

我曾观察到一个婴儿发现自己双手的过程：

一个刚刚出生3个月的小女婴正处于生命的开端。小女婴竭尽全力地想要更仔细地看一看自己的手。可是她的手臂太短了，她需要很费劲儿地移动双眼才看得到自己的手。虽然她的身边有很多东西，但是她最感兴趣的还是自己的手。

过了一会儿，我拿起一些东西给小女婴触摸玩耍。可是她却显得有些心不在焉。她对我给的东西显然没有一点儿兴趣，看也不看，就张开小手，让东西从手上掉下来。

然而，从那时开始，每一次当小女婴想试着抓住什么东西时，她的脸上都会露出兴奋的表情。不管她要抓住的东西离她是远是近，也不管是否抓得到。

小女婴满脸疑惑地不停地看着手，她的表情好像是在说："咦，为什么我有时候可以把东西抓住，有时候却不行？"对手的使用明显吸引了小女婴的注意力。

这个小女婴的努力是一种本能的表现，是一种为了满足内在需要而宁愿牺牲舒适的表现。

当这个小婴儿长到6个月大时，我给了她一个带有银色铃铛的玩具摇铃。我把摇铃放在她手里，教她如何摇出声音。她玩了几分钟以后，就将摇铃扔在了地上。我把摇铃从地上捡起来，重新放回她的手里。可是她又将摇铃丢在了地上。就这样，我们俩一个丢一个捡，重复了好几次。小女孩就像故意要把摇铃丢到地上让别人马上帮她捡回来似的。

有一天，当小女婴手里又拿着摇铃的时候，她不再像以前那样把手全部张开让摇铃掉到地上了。她先张开一根手指，再张开一根，就这样一根一根地张，直到最后，5根指头全部张开，摇铃才掉到了地上。此时，小女婴目不转睛地看着自己的手指。她一边反复地做着一根一根张开手指的动作，一边继续观察自己的手指。

显然，小女婴感兴趣的并不是摇铃，而是这个手指游戏。认识了这些能抓住东西的手指，她觉得很有趣。在这个对手指的观察中，小女婴感到非常快乐。

想想看，在这个小女婴3个月的时候，她为了看到自己的手，还只能很不舒服地移动双眼，现在居然研究起手的作用来了。

小女婴的妈妈在这方面表现得也十分明智。她克制住了自己，没有将摇铃收起来，而是加入到孩子的游戏中。她理解了孩子一再重复游戏的行为，对孩子的成长和发展具有极其重要的帮助。

这个事例告诉了我们孩子在生命早期的简单需要。如果人们没有注意到小女婴对手的好奇心，也许她的手就会被戴上保护手套。这样做会妨碍她想要看手的欲望。小女婴的父母也可能会因为看到她一再把摇铃丢到地上，就干脆将摇铃拿开。那么，我们上面观察到的所有表现就不会出现了。而这种帮助婴儿发展智能的最好的、最自然的方式，有可能就会被压制住。发现新事物能给孩子带来快乐。原本正在享受这种快乐的孩子，可能会因为自己的发现游戏被迫中断而哭闹起来。而此时，父母可能会觉得孩子的哭闹一点儿道理也没有。一堵误解的“高墙”便从婴儿期开始竖立在成人和孩子幼小的心灵之间了。

有许多人或许都会怀疑，在这么小的孩子身上，是否存在着一个内在生命。如果这些人想要了解孩子的需要，认识这些需要对生命发展的重要意义，他们就必须努力研究这些幼小心灵的独特语言，尊重孩子的发展自由，并帮助孩子发展这些能力。

这里有一个1岁大的男孩的例子：

有一天，小男孩正在看一些图画。这些画是妈妈在他出生之前所画的。小男孩特别喜欢看那些有小孩的图画，而且还会亲一亲画上的小孩。小男孩还认识了花，看到有花的图画时他会把鼻子靠在上面，就好像在闻花香一样。小男孩看到小孩和花后做出的不同行为，清楚地表明他知道这两者是不同的。

旁人看到小男孩做出这些举动时，觉得他可爱极了，纷纷笑着拿起其他东西学小男孩那样又亲又闻。在这些人的眼里，这只是一件好笑的事情，并没有什么独特的意义。他们拿着蜡笔让小男孩闻，递上枕头要小男孩亲。小男孩脸上原本聪明的表情被困惑取代了。在这之前，小男孩还因为自己能够分辨图画里的东西，高兴得全身都洋溢着快乐。

后来，小男孩只得不加分辨地亲每样东西、闻每样东西。旁人笑时，他也跟着笑。孩子独立发展的道路受到了阻碍。

案例中，孩子表现出的分辨能力是其智力发展的重要里程碑。但是在面对成人残忍的干扰与误导后，孩子已无力招架。

我们是否经常像案例中的成人那样，做了错误的事情却毫不自知？成人常常抑制孩子自然的行为反应，把孩子弄得不知如何是好。然后，当孩子无助地流泪时，成人反而觉得孩子哭得毫无缘由。

我们从来不关心孩子为什么哭，正如我们从来不关注孩子在精神得到满足后露出的快乐微笑一样。在孩子生命之初、感觉最脆弱的时候，在孩子开始感受人际交往的时候，这种情形就已经发生了。此时，孩子和成人的情感拉锯战也正式展开了。

我们都希望，当我们把孩子放到摇篮里时，只需轻轻地摇一摇，孩子就能入睡。但是，我们也不应该讨厌那些用哭闹来求助的小心灵。如果孩子还体力充沛，我们应立刻意识到他需要的睡眠不多；如果他的眼神明亮、聪颖，表现出想和他人交往的神情，我们也应意识到。孩子需要帮忙，也会将求助的眼神投向任何可以帮他的人。有人常说，孩子对妈妈奶水充足的乳房的喜爱更胜于妈妈本人。这句话似乎是说孩子以后会对任何给他们好处的人表示好感。事实上，这种说法并不公正。应该说，早在孩子生命之初，他们就会自然地亲近那些能够帮助他们的精神得到发展的人。

我们都知道，孩子渴望成人的陪伴，而且他们千方百计想成为成人生活的一部分。即使只是和家人一起坐在餐桌前用餐，或只是和家人一起在火炉旁取暖，孩子也会感到心满意足。人与人之间的温言细语是最悦耳的天籁之音，也是大自然赐予我们的学习语言的方法。

★ 第二条原则：我们必须全力支持孩子活动的愿望，培养孩子形成独立的个性，不让孩子养成依赖的习惯。

目前为止，孩子开口说的第一个字和孩子抬脚迈的第一步，几乎是儿童发展中极具象征意义的里程碑，也是我们所能看到的孩子进步的最初证据。开口说第一个字开启了孩子语言发展之旅，迈出第一步则象征着孩子直立行走的能力。因此，这两个方面对每一个家庭来说都是具有非凡意义的大事件。当它们发生的时候，聪明的妈妈还会特别地记录下来。

学会走路、学会说话是很不容易的。孩子需要不断地努力，才能用自己短小的双脚站立起来，保持大脑袋小身躯的身体的平衡。孩子说出的第一个字也是一种十分复杂的表达方式。当然，会说话、会走路并不是孩子最先学会的两个本领。说话和走路只不过是两个最为明显的发展阶段的表现而已。而在这之前，孩子的智能和平衡能力已经发展到了一定水平。这是孩子学会说话和走路之前的必经阶段，值得我们倾注所有的注意力进行观察。

诚然，“孩子能够自然而然地成长”，但是这句话只有在孩子获得了充分练习的情况下，才能称得上完全正确。如果孩子在成长过程中缺乏练习的机会，他们的智能水平就会停留在较低的程度。而那些从婴儿期开始便受到鼓励和引导的孩子，他们的发育水平要比其他孩子出色。

一个毫不关心孩子的妈妈，会从断奶起就粗鲁地一口接一口地把饭塞进孩子嘴里。如果我们能在孩子吃饭的时候，和孩子一起坐在他们的小桌子前，让孩子慢慢吃，我们会惊喜地发现，孩子会自己拿起汤匙放进嘴巴！

孩子学会自己吃饭是妈妈的功劳。因为在这个过程中，妈妈要付出极大的爱心和耐心。妈妈要同时“喂养”孩子的身体与心理，而孩子的心理需要比身体需要更为重要。妈妈的一些育儿观念，比如，对整洁干净的注重，虽然也是十分重要的，但是与孩子心理上的滋养相比，整洁干净就变得次要了。孩子刚开始学着自己吃饭时，还不知道如何握汤匙，肯定会弄得自己满身脏。妈妈这时候应该牺牲干净原则，满足孩子自己动手的合理冲动。事实上，随着孩子生理与心理的不断发展，他们的动作会更加娴熟，就不会再把自己弄得满身脏了。孩子吃东西时能够保持整洁干净，表明他们取得了一项实质性进步，这也是孩子心理发展的一大福音。

从一个孩子能持续做多少次同样的行为，我们可以看出这个孩子意志力如何。早在孩子会说话、会走路之前——大概将近1岁时——孩子心中就仿佛有一个声音在指引着他们的行为动作。孩子会突然想要自己尝试用勺子吃东西。可是这时候，他们还没有办法把食物成功地送到嘴里。即使他们的肚子已经饿了，他们还是会拒绝别人的帮忙。只有等孩子自己动手的需求得到了满足，他们才会让妈妈给他们喂饭。也许孩子会弄得自己满身脏，但他们的脸上还是会洋溢着高兴、聪颖的神情。这时，孩子想要自己动手的欲望已经得到满足，所以他们会愿意吃下食物。孩子在这样的教导下，1岁左右便能学会自己动手、自己吃东西，令人刮目相看。虽然这时候孩子还不知道如何开口说话，但是他们已经完全听得懂别人对他们讲的话，也会用动作来回应。

孩子的一些行为能让人们感受到他们已经开化的智慧。当我们说“把手洗一洗”时，孩子就会去洗手。当我们请孩子把地上的东西捡起来，或把脏东西擦掉时，他们同样会去做。而且，他们在做每件事时都很认真投入。

有一次，我和一个快1岁的小男孩结伴去乡下。由于这个男孩才刚刚学会走路，所以当我们走在一条石子路上时，我不自觉地想去牵他的手。但是我强迫自己放弃了这个念头，改用口头提醒的方式告诉他：“走另外一边！”“这儿有块小石头，要当心！”“这里要小心走！”……男孩非常认真地听着我的提醒，一步一步地小心走路。他不仅没有跌倒，而且还走得相当好。他边走我边提醒，我轻轻地说，他专注地听。

对小男孩来说，这个“我说他做”的活动是一个有意思的过程。小男孩走得兴趣盎然、不亦乐乎。

用这样的方式来指导孩子，是每一位母亲真正应尽的职责。如果我们只是一味地给孩子提供一些对其发展没有太多益处的东西，对孩子并不会起到真正的帮助作用。只有配合孩子的心理发展，为他们提供帮助，才能使他们获得最大的助益。除此之外，了解孩子的天性、尊重孩子的本能活动，也是两项具有重要意义的工作。

★ 第三条原则：我们必须时刻注意与孩子的相处方法。因为孩子的情感，尤其是对来自外界的影响，比我们想象的还要细腻敏感。

如果我们在分辨孩子生活中流露出的细腻情感时，既没有足够的经验，也缺乏爱心；如果我们不懂得如何去尊重孩子，那么很可能只有在孩子出现激烈反应的时候，我们才能察觉到孩子的异常。这就为时已晚了。孩子会出现这些激烈的反应，完全是因为我们疏忽了他们的某些需要。在孩子哭闹起来后，我们再匆匆忙忙地去安慰他们，就显得有些本末倒置了。

而有些家长持有另外一种育儿原则。从经验中，他们知道孩子在哭闹一阵后会自己安静下来，所以他们通常都不会被孩子的泪水打动，也不会试着安慰孩子。这些家长认为，如果孩子一哭就去安慰，不但会把孩子惯坏，还会让孩子养成用眼泪引起成人注意的坏毛病。父母就会变成这些被宠坏的孩子的奴隶。

在此，我必须对这个看法做一个回应，那就是孩子看似无理取闹的泪水，在他们习惯于我们的爱抚之前就已经开始流淌了。而这些泪水其实是孩子内心挣扎不安的表现。孩子为了内在的建构，需要充分地休息，更需要一个稳定、平和、能让自己感到安心的环境。可是，成人却反过来一再蛮横地干扰。我们一股脑儿地将一些东西灌输给孩子，由于速度太快，孩子根本来不及消化吸收，导致孩子像饿过了头或者吃得太撑时那样放声大哭，感到消化不良。

我们应该试着让孩子自己擦干眼泪，也应该尽力去安慰他。但是，我们却经常忽略孩子的真正需要。虽然孩子眼泪背后隐藏的原因是如此难以捉摸，但它却可能是所有问题的答案。

海伦是个不满1岁的小女孩。她常常用西班牙方言“pupa”这个词来代表“不好（bad）”的意思。通常都是因为什么原因，海伦才会哭呢?

海伦对身边的事物非常好奇。我们发现，她每次经历不太开心的事时，比如，撞到了东西、觉得冷了、碰到冰凉的大理石板或是摸到粗糙的东西时，就会说“pupa”这个词。当她伸出被撞疼的小手给大家看时，大家都会安慰她几句，或亲亲她手指受伤的地方。

海伦很注意观察别人对她的及时关心，然后她会说：“pupa，不（no）！”就好像是在告诉这个人：“我感到好多了，不用再安慰我了。”通过这样的互动，海伦不仅能够表达自己的感受，也懂得体谅身边其他人对她的关怀。海伦并不是一个被宠坏的孩子，因为没有人给海伦任何没有意义的拥抱或过多的安慰。

通过直接关心孩子的感受，我们不仅能帮助孩子清晰地观察人与人之间的互动，还能帮助孩子发展社交能力。因此我们这么做，就是在帮助孩子汲取生活社交中的直接经验，孩子细腻、纯真、敏锐的情感天赋也能够由此得到顺利发展。每当孩子告诉我们哪件事情让他们觉得不愉快时，我们可能不会对孩子说：“没关系，不要紧。”很多时候，我们能够感受到他们的不愉快，并会轻声安慰他们，但是也要注意应尽量避免过分渲染孩子遇到的不愉快。

我们绝不能否定孩子的感觉，对孩子的情绪视而不见。当孩子感到不快乐时，成人对孩子说“没关系，不要紧”，容易使孩子与他们在情感上产生共鸣。这样做不但能鼓舞孩子面对情绪体验，同时还能引导孩子自己排解情绪。当然，我们最好也不要对孩子的情绪做太多议论，或者在孩子的感觉上借题发挥。一句轻柔关爱的话语是孩子唯一需要的安慰。孩子在得到适时的安慰和关爱后，会不受影响地继续观察周围的事物，自由地体验生活。这对孩子的身体发展也是大有裨益的。

海伦不是一个动不动就哭的孩子。如果有不愉快的事情发生了，海伦会对自己反复地说“pupa”这个词，然后希望从他人那里得到安慰。

有一天，海伦生病了。她一直对妈妈说：“pupa，不！”就像在安慰自己似的。

与其他同龄的孩子相比，海伦对身体不舒服的忍受力是很惊人的。她不但知道如何调整自己的情绪感受，还能像成人那样把烦恼与不适抛开。

看到其他人遭受苦难，孩子通常也会跟着伤心流泪。海伦和劳伦斯这两个孩子都是这样，他们的情绪很容易受到感染。

当有人假装打了护士一下，或者爸爸假装要打一位小伙伴，海伦会立刻哭起来。如果有人心情不好，或为了某事伤心流泪，海伦就会马上来到这个人身边，温柔地亲一亲他，然后用一种自信的语气说“pupa，不”，来表示“不要怕，一切都过去了，我们不要再想它了”。海伦虽然还不大会说话，但是她的语气是如此明确、坚定！

如果换成劳伦斯，他会表现得更加积极。如果爸爸做错了事，劳伦斯会勇气十足地指出爸爸的错误。如果爸爸做出一些粗鲁的举动，或者撞到了劳伦斯，劳伦斯不会哭，他会站在爸爸面前，用严肃的表情看着爸爸，然后用责备的语气喊“爸爸，爸爸”，意思就像是说“你不可以这样对待我”！

有一天，劳伦斯正躺在床上睡觉。爸爸在另一个房间里大声地和别人说话。劳伦斯从床上坐起来，大声地喊：“爸爸！”听到了这个警告，爸爸赶紧把音量压低。然后劳伦斯满意地伸了伸懒腰，继续做他的美梦去了。

在小海伦3岁时，她的姨妈拿了一些我们学校教学用的色板给海伦看，其中一块色板被姨妈不小心掉到地上摔碎了。姨妈趁机教育海伦：“你看，一定要小心！”

“而且要很小心，”海伦接着对姨妈说，“还不能把它掉到地上！”

孩子就是这样有什么说什么的。他们会批评、指责成人的不当之处。只有当成人说自己这么做的理由时，孩子的正义感才能得到安慰。

我们不必在孩子面前扮演完美无缺的人，也不必要求自己每件事都做得十全十美。相反，我们需要的是审视自己的缺点，虚心接受孩子公正的观察和批评。有了这样的认识，当我们在孩子面前做了不正确、不恰当的事时，也就能够原谅自己了。

引导孩子工作的原则

儿童渴望工作是一种本能

儿童的成长与发展，有赖于不断拉近他们与环境之间的距离。因为只有不再依赖于成人，儿童自己的个性才能得以真正发展，他们才能获得我们所说的那种“自由”。只有在适宜的环境中，儿童才能找到有助于发展自身功能的工具，这样才会有益于儿童的成长。就像断奶的孩子不再需要母乳一样，他们不再需要从母亲那里汲取营养，而要吃谷类的食物，从外界的环境中吸收养分。

没有能使儿童独立成长的环境，他们就无法自由地成长。那么，怎样才能创造这种环境呢？其实这跟怎样正确喂养儿童一样，需要认真地思考和研究。不过，儿童已经勾画出了一个新的教育体系的基本轮廓，让成人能够遵循着去进行实践，从而正确地满足儿童的心理需要。

我们有一个非常重要的发现，那就是儿童可以通过工作恢复到正常状态。我们对全世界各种族的儿童都进行了实验，结果证明了，这个发现不仅在心理学的研究领域，而且在教育学的研究领域中都是最准确的事实。

儿童渴望工作，这是他们生命本能的一种体现。只有在工作中，他们才能塑造自己的个性。人都是在工作中成长和发展的，不管是他人的关心爱护还是自身的身体健康，都无法取代工作的价值。不过，一旦这种工作偏离了本来的正常状况，就很难进行补救，即使有榜样或是对其进行惩罚，都很难奏效。人在双手的劳动中创造自我，手是每个人个性的体现方式，人们通过手来表达情感，体现智慧，帮助自己征服环境。

儿童具有工作的本能，由此，我们可以看出工作是人类的本能，是人类存在的重要特征。工作能带给人们幸福，能让人们保持健康，还能帮助儿童恢复正常状态。

可是，成人却一直抵触工作，总是觉得工作会让人不愉快。我们可以发现，成人和儿童的生活方式有所不同，所以在工作的问题上就产生了差异，形成了两种不同的工作类型。

儿童的工作

儿童虽然不能从事成人的工作，可他们也是工作者和生产者，他们有自己的任务，他们也会面对困难，因为他们要完成自我的塑造。新生儿弱小而缺乏力量，行动也不方便，可他们终会长成大人。而每个在生活的历练中变得充满智慧的成人，也都曾经是儿童。

儿童经过长时间的努力，长大成人，而成人却不能再进行这样的创造性工作。儿童被成人排除在他们超自然的世界之外，同时更加明显的是，成人也被排除在儿童的世界之外。儿童的工作明显地不同于成人的工作，从某种程度上说甚至是相反的。儿童的工作体现于儿童的心理发展过程，呈现出一种无意识的特点，它具有一定的创造性。

整个人类形成时所发生的奇迹，都存在于每一个新生儿发育和成长的过程中，可以说："儿童是成人之父。"成人种种的力量都源自儿童所要完成的某种秘密使命。儿童是真正的工作者，仅在休息和思考的过程中就长大成人是不可能的。他们必须不断地、积极地从事工作，并不断地在工作中进行创造。值得注意的是，儿童的工作环境跟成人使用和改造的环境是相同的，儿童要在这样的外界环境中历练和成长，他们需要进行真正的创造性的工作。

练习和运动是儿童成长中必不可少的要素。在周围的环境中，儿童不断协调自己的行动，积淀自己的情感，发展自己的智力。特别是，儿童努力地学习怎样说话，站立和奔跑也是他们勤奋练习的目标。每个儿童都有自己的发展规律和计划，成长中的儿童会像认真的学生一样遵循它，这就像恒星运行在自己的轨道上一样。于是，我们可以大致预测到儿童每一个发育阶段的身高状况，还可以预测儿童在5岁时的智力水平和8岁时所能达到的智力水平。因为儿童遵循大自然为他们制订的成长计划，因此我们才能预测到儿童10岁时的情况。在不断努力、克服困难、战胜痛苦、经历考验后，儿童会渐渐地发展完善、成熟。儿童是靠自己的努力成长起来的，成人的影响只能作用于外界环境。儿童那种为达到目标而不断向前冲的精神和热情，是值得每个想完善自己的成人学习的。

成人跟儿童是相互联系的。在儿童的世界中，成人是儿童的后辈，他们依赖着儿童；而在成人主导的社会中，儿童是成人的子孙和依赖者。成人和儿童是不同世界的主人，他们都有自己的王国，都是自己王国的统治者。

工作使儿童获得力量

儿童不会因为工作劳累而感到疲倦。工作能使他们获得力量，并可促进他们成长。儿童愿意用自己的力量完成自己的使命，却从不要求减负。

他们必须工作，他们的生存和发展依赖于自己所做的工作，因为没有了工作，他们将会死亡。

不了解这个秘密，成人就永远无法深入地了解儿童工作的重要性，而且可能会在儿童的工作中制造种种障碍。他们会觉得休息是对儿童成长更有益的事情，不让儿童自己动手，而为他们安排好每一件事情。成人希望能够用相对少的时间和精力去完成一件事。他们因为自己经验丰富、做事熟练而去帮孩子洗手、穿衣，抱着孩子或用小推车推着他们到处走动，自己整理孩子的房间而不让孩子动手。

当成人给儿童提供一定的活动空间时，儿童就会马上提出要求：“我要做这个！”而我们的学校就为儿童创造了一个他们需要的环境，儿童发出表达他们内在需要的声音：“让我自己做，这是对我的一种帮助。”

这看起来似乎是一种矛盾，而背后却隐藏着一个深刻的真理。成人应该用儿童需要的方式去帮助他们，让他们可以进行属于自己的工作。这体现了儿童发展的需要，而且还表明真正适合儿童的环境是一个生机勃勃的环境。它不是为了让儿童去征服或者享受，而是一个帮助儿童更好地通向工作的通道。当然，只有了解了儿童的内在需要，才能为他们创造这样的环境条件。总之，我们的教育理念是，既不能为儿童包办所有事情，也不能让他们处于消极被动的环境中。

那么，仅仅给儿童一些大小适合他们身材的用品是不够的，成人应该接受一定的训练，了解怎样做才能真正有助于孩子们的成长。

给孩子最大限度的自由

适时的帮助和参与是孩子们取得成绩的重要原因之一，在孩子进行练习时，教育者都要进行巧妙的引导。教育者正确的引导方式是，在引导的同时不要让孩子感觉到你无处不在。也就是说，教育者要在孩子需要的时候及时提供帮助，但千万不能因此而打扰了孩子的练习。

枯燥乏味的语言会减弱孩子的学习热情。只有保持孩子的求知热情才能够实现正确的引导，但这并不是一件很难做到的事情。做到这一点，只需要尊重孩子，对待孩子有足够的耐心，并且在孩子做练习的过程中尽量让孩子独立操作，不进行过多干涉。

在这样的引导下，我们渐渐能感觉到孩子们身上拥有一种向外扩展的个性，他们做事积极主动，自主选择想要做的事并能坚持下来。遇到困难时，孩子们不逃避，而是努力用自己的能力以乐观向上的心态去克服、解决这些困难。当孩子们克服了困难，他们会为自己的小胜利感到高兴，并热情地将自己的喜悦心情和成功体验与他人分享。因此，教育者不应该去打扰孩子们的练习，最好的方式就是静观其变。

请耐心等待孩子随时会给我们带来的快乐，并分担他们可能会遇到的困难。当孩子需要我们的帮助时，请积极热情地回应他们。如果孩子的进步比较缓慢，我们也要保持最大的耐心期待他们的进步，并对他们的成功给予最热烈的回应。如果成人与孩子在一起时能做到谦虚和善，像对待自己那样对待孩子，那么就可以说其掌握了最基本的教育准则，可以作为大家效法的教育楷模。

对我们成人而言，最希望的是工作不被干扰，是在努力工作的过程中没有阻碍，特别是在需要的时候能有朋友提供帮助。我们愿意和朋友们快乐相处，成为真正的好朋友，为了共同的目标而努力工作。我们需要的，同样是孩子需要的。事实上，孩子们更需要获得成人的尊重，因为他们纯真，他们有着无限美好的未来。

然而令人遗憾的是，在现实生活中，很多成人并不尊重孩子。很多成人无视孩子的需要，总是要求孩子，甚至强逼孩子顺从自己，蛮横、粗暴地对待孩子。而且很多成人都希望孩子能规规矩矩的，乖乖听话。孩子拥有很强的模仿能力，如果希望孩子能友善待人，就请尽量友善地对待孩子。友善包括理解、宽容，还包括付出和奉献，这些友善精神都需要成人展现在孩子面前。

由于孩子无法将自己的需要表达出来，而且孩子的需要往往深埋于无意识中，所以我们必须研究孩子，以便了解他们的真实需求。这是来自孩子生命深处的呼唤，我们要根据某种方法释放孩子的需要。孩子的学习和成长过程是一个非凡的、神奇的过程。我们对这一过程进行间接干预，给孩子提供一些必要的成长手段，之后，我们只能谦卑且耐心地等待孩子成长。

请放手让孩子在内在生命的指引下无拘无束地自由成长吧，我们只需要耐心等待并仔细观察孩子的成长过程就可以了，这是我们能做到的所有事情。

发现错误，改正错误

每个人都会犯错误

在我们学校里，孩子可以自由地活动，但这并不意味着他们就没有纪律。实际上，纪律是必需的。如果我们想让儿童拥有自由活动的权利，让他们在我们创建的环境中通过自由的活动获得经验、发展自己，我们就必须更多地关注儿童在活动中的纪律。当儿童开始能够集中注意力工作，纪律的重要性就会在很多方面体现出来。儿童的“工作”越积极，教育者的工作就可以越消极。事实上，教育者这时可能只需要站在一边，什么都不用去管。正如我们前面所讲的，这种状态为儿童以后融入社会打下了良好的基础。

有些人看到这里可能会想，如果孩子永远处于没有成人约束的状态，该有多好啊！

确实，儿童以这种状态在一起“工作”，对他们以后的生活具有重要意义，这其中蕴含的奥秘就像胚胎发育一样微妙，我们不应该打扰孩子的这种生活状态。我们为儿童提供物质条件、创建发展环境，就是在为儿童进入这种状态打下基础。

有些教育者可能要问：“在孩子犯下错误时，如果我们不帮助孩子改正错误，那如何才能让他们走入正轨呢？”许多教育者也认为自己的主要工作是批评儿童，不管是在对待孩子的学习问题还是道德问题上，教育者都会采用这种方法。他们认为，教育儿童应主要依靠两个方法：批评和惩罚。

如果我们不得不对一个孩子进行奖励和惩罚，说明这个孩子已经失去了自我约束的能力，约束的方法必须由教育者提供。但假设他们正在进行工作，我们不断地给他们奖赏或惩罚，这只会严重地妨碍孩子心灵的自由。我们的学校是崇尚自然、自由发展的，所以我们绝不使用奖励和惩罚的方法来约束孩子。在一般情况下，孩子都是自由地进行工作的，这时奖励和惩罚对他们来说都是完全没有必要的。

我们要求不对儿童进行奖赏也许不会引起太大的争议，因为很多父母其实平时并不重视奖励孩子，顶多给儿童一次奖赏，所以提倡不奖励孩子不会给父母带来太大的损失，也不会对儿童造成过多的影响。但惩罚就不同了，我们几乎每天都在惩罚儿童，比如，纠正儿童练习本上的错误。纠正之后，儿童的分数可能一下就从0分长到10分。难道给孩子0分能够改正他们的错误吗？于是，教育者可能会说：“你总是犯相同的错误，你根本就没有听讲，如果你再这样下去，你永远也不能通过考试。”

教育者在儿童的作业本上写的所有表扬和批评的话只会削弱他们学习的热情和积极性。如果你告诉一个孩子他是多么淘气、多么蠢笨，只会伤害他的情感，而不会对他有任何帮助。因为要想让一个儿童不再犯错，需要让他更加熟练地掌握技能，但如果他已经不合格而且又没有人鼓励他，他又怎么会提高能力呢？以前，有些教育者总是揪着犯错误的学生的耳朵，或打那些写不好字的学生的手。但是即使把孩子的耳朵揪红了、手打肿了，也无法让孩子有所进步。

要想提高儿童的能力，需要持续地练习和不断地获取经验。正如不听话的孩子要通过与其他孩子一起活动才变得听话一样，如果我们只告诉不听话的孩子“你很淘气”是不会让他们改变的。对儿童来说，成人这样做不是纠正错误，只是陈述事实。儿童要想增强能力和改正错误，应该进行长时间的主动练习。

当然，儿童有时候可能并没有意识到自己犯了错误。虽然教育者为了避免给孩子树立坏的榜样，总是告诫自己不要犯错，但是他们也会在不知不觉中犯下错误。所以，当教育者犯错误时，他们绝不会向儿童认错。他们认为，教育者应该永远是正确的，“永远不犯错误”是教育者尊严的保障。当然，这并不完全是教育者的责任，整个教育系统都建立在这种错误认识的基础上，它对这一问题负有责任。

如果我们对“犯错”这一现象进行研究，就能够发现：每一个人都会犯错误。这是一个客观事实。我们承认这一事实就已经向真理前进了一步。如果我们尊重事实，我们就应该承认每一个人都可能会犯错，否则我们岂不成了完人？因此，我们对待犯错误这一问题应该抱着正确的态度：看到犯错误有益的一面，把犯错误看成生命不可缺少的一部分。

许多错误都会在成长的进程中得到纠正。比如，蹒跚学步的孩子，他们就是在成长中不断地获取经验最终学会走路的。如果我们认为自己是完美的，那只不过是自欺欺人罢了。这是由于我们没有意识到自己犯了错误，也就无从改正了。错误是无处不在的，如果我们想追求完美，就必须首先注意自己所犯的错误，然后改正错误，这样我们才能完善自己。

所以，我们总结出了一条原则：控制错误。在学校中，教育者、学生和其他人都会犯错误，因此我们的学校制定了一条原则：改正错误并不是最重要的，我们首先要认识到自己的错误。每个人都应当反省自己，检查自己所做的事情是否正确。

培养孩子专注工作的能力

把儿童的意识引向明确的目标

当我们把孩子放在一个有利于他们心理发展的环境中时，我们希望看到这个孩子马上就能把注意力集中在某个物品上，按照我们事先设定的目的来使用它，而且还不停地重复这个行为。我们发现，不同的孩子重复的次数也不相同，有的可能重复20次，有的可能重复40次，有的甚至可能达到200次。儿童的这种表现是那些与心理发育关系密切的行为的先导。

儿童会产生这种表现，是由于一种原始的内在冲动在发挥作用，就像人处在精神饥饿的状态中具有一种模糊的意识那样。要释放这种饥饿所产生的冲动，就应该把儿童的意识引向明确的目标，使它转化为一种基本而又复杂并可重复进行的智力活动。

比如，一个孩子忙着安放一些立体插板或10个小圆筒，把它们移动到各自的位置上，他连续这样做了30次或40次之后，突然犯了某个错误，或者发现了某个问题，于是他动手把这一问题解决了，这样他以后就会对这项活动越来越感兴趣，还会尝试反复进行这个试验。这个过程其实就可以促使儿童进行复杂的心理活动练习，有助于他们的内部发展。

或许正是因为内在意识的发展，儿童在使用这种物品时常常显得很愉快，还会不断重复地使用它们。就像我们要让一个口渴的人解渴，就不能只让他微微地抿一口水，而必须让他喝个痛快，喝够身体所需的水分一样。同样，要满足儿童的心理饥渴，只是让他们走马观花地这儿瞧瞧那儿看看是不够的，听别人描述物品的使用方法更解决不了问题，我们必须真正满足他们的内在需要，让他们拥有这些物品，并且能充分地使用它们。

我们应该把这一切当作心理建构的基础，这也是对儿童进行行为教育的唯一秘诀。我们为儿童创造的环境是他们可以进行自由活动的场所，而且最终目标就是满足儿童的精神活动需求。所以，我们在游戏中为儿童提供立体插板不只是要让他们了解有关物体大小的知识，平面插板的设计也不仅仅是把儿童形状概念的形成作为目标。它们与我们为儿童准备的其他物品都一样，目的是要培养儿童的主观能动性。在这类练习中，儿童能够获得他们真正可以理解的知识。并且，在学习这些知识的同时，他们也要学会保持程度相当的注意力。实际上，正是因为儿童获得的感觉知识在范围、形状和颜色等方面是精确的，才使人类的精神活动渗透到各个领域，并有了取得更大成就的可能。

对儿童的观察与发现

重复练习

一件事引起了我的特别关注：

一个3岁左右的小女孩，不停地将一些圆柱体放到不同的容器中，然后又将它们取出来。这些圆柱体的大小不同，都正好可以放进容器相应的孔里，就像用软木塞子塞进瓶口一样。

我惊讶地发现，女孩做这个练习是如此兴致勃勃，而且她一遍又一遍地重复着。她并没有表现出任何想要加快速度或提高动作敏捷性的愿望，只是不断地重复着这个练习。

出于一种习惯，我准备数数女孩重复这个练习的次数。同时，我还想看一看她在做这个奇怪的工作时，到底能专注到什么程度。我让其他孩子在女孩身边唱歌并到处走动，但是这丝毫没有打扰到她的工作。当我抬起她坐着的小椅子时，她一把抓起自己正在摆弄的东西，并把它们放在自己的膝盖上，继续重复着这个工作。

这时，我开始计数，女孩一共重复做了42遍。然后她停了下来，就好像刚从梦中转醒似的，并满足地微笑着。她的眼睛炯炯有神地环顾四周，甚至丝毫没有发觉我们曾打扰过她。后来，我也没有发觉有什么明显的原因让她停止了这个工作。

女孩到底在做什么呢？她为什么要这样做呢？

这促使我们第一次去探究儿童那尚未被探索的内心。我们发现，这个小女孩还处于无法持久集中注意力的年龄。一般的观点认为，在这个时期，儿童的注意力会不停地从一件事情转移到另一件事情上。然而，这个女孩却能如此专注地做一件事情，以至于根本没有感觉到外界的刺激。当她把不同的物体恰到好处地插到一起时，她的手也随之进行着有节奏的运动。

相似的情况不断出现。每当儿童经历这样的体验之后，他们就像刚刚得到了休息，充满了活力，好像获得了某种极大的快乐。

尽管儿童专注于某事到浑然忘我的情况并不多见，但我还是发现了一种所有孩子都具有的独特行为，而且这种行为几乎会在他们所有的活动中不断地表现出来，我将这种现象称为“重复练习”现象。

有一天，我发现孩子们正在工作，他们的小手很脏，我想我应该教给他们一件有益的事情——怎样洗手。

在教会孩子们洗手后，我发现这些孩子虽然已经把小手洗干净了，但还在不停地洗，而每当他们离开学校时，都会再洗一遍。

有些母亲告诉我，早晨的时候，她们发现孩子在洗手间洗手。还有些孩子甚至会自豪地伸出干净的小手给大人看，还让大人误以为他们是想要东西吃。他们一次又一次地重复练习洗手，却没有任何外在的原因。

在其他的活动中，我们也发现了这一现象。一项练习被教得越是细致，甚至关注到每个小细节，儿童越会不断地重复这个活动。

自由选择

我还注意到另一个十分简单的情况：

孩子们使用的物品都是由一位教师发给他们的。使用完之后再由这位教师将所有东西收回来放到原处。这位教师告诉我，每当她收回物品时，孩子们就会从座位上站起来，走到她面前。不管她曾多少次把他们打发回自己的座位，但是孩子们仍然会走到她面前。因此，她认为这些孩子不听她的话。

我观察了这些孩子，意识到他们这样做，是想把物品放回到它们原来所在的位置。我允许他们这样做后，他们便开始了一种新的生活。他们开始对有秩序地摆放物品非常着迷，并且会把每一样物品都摆放得十分整齐。如果一个孩子摔坏了一个玻璃杯，其他的孩子就会跑过来拾起玻璃片，并把地面打扫干净。

有一天，这位教师打翻了一只盒子，里面装着80块颜色渐变的小方块。她感到很窘迫，因为要把这么多颜色不同的小方块按颜色排列起来是很困难的。这时，孩子们跑了过来。令人惊讶的是，他们迅速地把小方块按正确的颜色顺序排列了起来，并在这方面表现出了远胜过成人的敏感性。

有一天，这位教师到校迟了一点儿，前一天她又忘了锁柜子。当她来到教室后发现，孩子们已经把柜门打开了。许多孩子围着它，还有些孩子正将教具取出来拿走。这位教师把这视为一种盗窃行为，并认为他们之所以盗窃是因为不尊重学校和教师，应该受到严肃处理，这位教师还通过讲一些道德和原则来教导孩子。

相反，我把这件事视为一个标志。它标志着孩子现在已充分地认识了这些教具，并且已经能自己做出选择。后来出现的情况也证明确实如此。

这使孩子们开始了一项新的、有趣的活动。现在，他们可以根据自己的喜好来选择不同的教具进行工作了。从这之后，我们做了较矮的柜子，以便孩子们能拿到与他们的内心需要相符合的教具。

自此以后，“重复练习”的原则又加上了“自由选择”的原则。

儿童所进行的自由选择，使我们看到他们的心理需要和倾向。第一个最有趣的发现就是，这些儿童只选择我们给他们提供的其中一部分教具，而不是选择所有的教具。他们总是选择一些同样或自己偏爱的东西，而很少去留意其他的东西，这使得那些没有被选中的东西上落满了尘土。

我常常把所有的教具都拿给儿童看，并让教师分发给他们，然后再讲解如何使用这些东西，但儿童从不会主动使用某些东西。于是我意识到，对儿童而言，每一样东西不仅应该有序地摆放，而且应该适合儿童的需求。只有让教具的摆放不发生混乱，并且淘汰掉不需要的教具，儿童的兴趣和专注才会发自内心地产生。

自尊

有一天，我决定给孩子们上一堂带点儿幽默感的课——如何擤鼻子。

我给孩子们示范了使用手帕的各种方法，还告诉他们如何做得不引人注意。我以他们不易察觉的方式拿出手帕，并尽可能轻地擤鼻子。孩子们全神贯注地看着我，没有一个笑出来。

这时，我还觉得有些奇怪，为什么他们不笑呢？当我一结束示范，他们就开始热烈地鼓掌，他们的掌声就像剧院中表演结束时响起的掌声那样持久、热烈。我还从未听到过这些小手拍出过如此响亮的声音，我也没想到过这么小的孩子的掌声能如此热烈。

接着我意识到，也许我触动了这些小家伙有限的社交中的敏感点。儿童在擤鼻子方面感到特别困难。他们经常为此遭到他人的责备，所以他们在这一点上十分敏感。他们听到的喊叫和辱骂性的语言强烈地刺痛了他们的情感。而更让他们感到难堪的是，他们在学校里穿戴整齐后，还要把手帕别在惹人注目的围嘴上，以避免丢失手帕。但没有一个人曾真正教给他们如何擤鼻涕。当我这样做的时候，他们感到从前所受的羞辱得到了补偿。他们的掌声表明，我不仅公正地对待了他们，而且使他们获得了新的社会地位。

长久的经验告诉我，这件事情确实就像我理解的那样。我逐渐意识到，儿童有一种强烈的自尊感。通常情况下，由于成人没有意识到这一点，会使儿童很容易受到伤害和压抑。

就在我给孩子上课的那一天，当我要离开学校的时候，这些孩子开始喊："谢谢您，谢谢您给我们上的这一课！"当我离开教室时，我身后还跟着一支静悄悄的队伍，直到最后我对他们说："你们回去吧！要注意踮着脚尖跑，不要撞到墙角。"他们才转过身，飞一般地消失在门后。

当有参观者来学校时，这些孩子都表现得非常自尊、自重。他们知道如何热情地接待这些来访者，并向他们演示自己是如何完成工作的。

曾有一次，有人预先通知我们，会有一位重要的人物来访。他要单独跟孩子在一起，以便能够亲自观察他们。我对老师说："顺其自然吧！"然后又对孩子们说："明天将会有一位客人来看你们，我希望他能认为你们是世界上最好的孩子。"

后来我问这位老师，这次访问进行得怎样，她回答说："非常成功。有些孩子给这位客人拿椅子，并礼貌地说'请坐'，其他的孩子则说'你好'。当这位客人离开的时候，他们把身子探出窗外喊道：'谢谢您的来访，再见！'"我问她："你为什么要教孩子们这样做呢？我告诉过你不要做任何特别的事情，只要让孩子按照自己的意愿行动就好。"她回答说："但是，我并没有要求他们做任何事情呀！"然后她继续说："孩子们比平时更加勤奋地做着各项工作，并把所有的事情都做得十分出色，令这位来访者赞叹不已、深受启发。"

曾经我也怀疑这位老师对我所说的话。我担心她可能给了孩子一些特别的指导，于是，我又问起这件事。但最终我意识到，这些孩子已经拥有了自尊感，他们尊重自己的客人，对能向客人展示自己力所能及的事情而感到自豪。我不是曾跟他们说过"我希望客人能认为你们是世界上最好的孩子"吗？但是，可以肯定的是，并不是我的劝告使他们这样做的。无论我什么时候告诉他们"有客人来访问你们了"，这就好像告诉他们客人已经来到了会客厅一样。这些镇定自若的孩子身上充满了魅力和自信，他们总是乐于接待来访者。他们再也不会像过去那样羞怯。

现在孩子的心灵与他们所处的环境之间再也不存在障碍了。这些孩子自然地展现着生命，就像展开白色花瓣、散发出阵阵花香的莲花，沐浴在太阳的光辉中一样。对孩子们来说，最重要的是，他们发现成长的道路上没有了障碍。他们不需要躲避、不需要害怕、不需要回避。他们的镇定自若可能归功于他们能如此简单地、迅速地、极好地适应他们的环境。

这些儿童是这么机灵、活泼，而且还总是这样镇定自若。他们身上时刻散发出心灵的暖流，能够使与他们接触的成人从心底里感到震撼。许多人就是为了体验这种美妙的感觉来访问他们，所有的访问者也都获得了这种感动。

观察这些来访者的反应十分有趣。女士们的衣着都十分优雅并饰以珠宝。她们就像来参加一个招待会，想听到天真纯洁的孩子们的赞美。她们还十分愿意看到孩子们表现出好奇的样子。孩子们碰触着女士们华丽的衣服，并抚摸着她们柔软芬芳的手。

有一次，一个孩子走到一位正在服丧的女士面前，用他的小脑袋倚靠着她，然后拉起她的一只手，并用自己的双手握住了这只手。这位女士后来深情地对我说，没有一个人能像这个孩子那样给她如此大的安慰。

还有一次，总理的女儿陪着阿根廷共和国的大使来参观我们的学校。这位大使曾提出，不要事先告诉我们他要来访问，因为他经常听闻这里的孩子们具有自发性，他想验证是否属实。然而，当他们一行人来到学校时，才知道那天是假日，学校不开门。当时，院子里的一些孩子走上前去，其中一个孩子十分自然地解释道："今天是假日，但是没有关系，我们都在这幢楼里，门卫有教室钥匙。"于是，这些孩子四处去叫自己的小伙伴。教室的门打开了，孩子们都动手工作起来。他们奇迹般的自发性行为无疑又一次得到了证实。

积极的心理体验有利于身体健康

在整个这段时期里，我们没有专门做任何事情去改善儿童的身体和营养状况。但是现在，没有任何人能从这些孩子红润、充满生机的脸上看出，他们曾经是营养不良或贫血的孩子，他们的身体曾经急切地需要食物、营养品和专门的治疗。现在他们所拥有的健康体魄，就好像得益于他们所接触到的新鲜空气和灿烂阳光一样。

如果像我们认为的那样，心理上的压抑会影响新陈代谢，并会降低一个人的活力，那么可以肯定的是，反向的情况也会发生：能够给人以激励的心理体验会提高新陈代谢的速度，促进人们的身体健康。我们对这些儿童所做的就证明了这一点。今天，这个真理已经得到了普遍的接受，我们的经验虽然无法产生很大的影响，但在当时确实引起了轰动。

给孩子成长的自由

自由发展的原则

“自由”在我所提倡的整个教育体系和教育理念中，处于至关重要的基础地位，我们必须严肃地对待。

当然，我知道，要给大家一个简洁、直截了当、确定无疑的回答，也是很有难度的。争议总是不可避免地存在着，即便是那些我们确信无疑的东西也会被质疑。

下面有一些相关的例子，它们也许能更清楚地体现我要表达的意思。在对待婴儿的问题上，我们过去采用的是什么样的方法呢？一定有很多人对那些传统和惯例印象深刻。比如，把婴儿捆束起来，以避免他们的腿长成罗圈腿；把婴儿舌下的韧带割断，这样他们到了一定的年龄后才能自然地说话；要一直给婴儿戴着帽子，不然他们的耳朵就会凸出来；一定要注意婴儿躺着的姿势，不能让他们柔软的颅骨发生变形；有的妈妈还经常会一个劲儿地去捋或捏宝宝的小鼻子，希望通过这样的方法让宝宝的鼻子变得长一些或更加高挺；有的妈妈在婴儿出生后不久，就在孩子的耳垂上戴上一种小金耳环，因为据说这样能够“改善孩子的视力”……现在，有些国家已经摒弃了这类习俗，但仍有一些国家还在延续这样的传统。

再以成人帮助幼儿走路为例。一些教子心切的妈妈，在宝宝出生后的头几个月里就开始教婴儿走路，甚至每天都要不厌其烦地教上好几个小时。她们扭动着婴儿弱小娇柔的身体，好奇地盯着他们的小脚没有目的地移动。令人觉得好笑的是，她们真的会由此认定宝宝已经开始学走路了。其实，在这一时期，婴儿的神经系统还没有完全发育，不可能进行协调的运动。不过，婴儿的足弓确实在这时渐渐成形，所以他们才会开始试着去移动小腿，而妈妈们不知道真实的情况，还以为孩子在走路方面的进步是自己教导的结果。这时候，婴儿刚刚具有运动能力，还没有建立起身体的平衡感，所以不能站立。有些妈妈就用带子提起孩子的身体，牵引着他们在地上行走。她们有时还会把孩子放进一种特别的竹篮里。这种篮子底部比较宽大，孩子在里面不会翻倒。妈妈就把婴儿的身体捆在里面，让他们的手臂放在外面，他们的整个身体靠竹篮的上部支撑着。在这种装置中，虽然婴儿不能用自己的脚站起来，但他们可以向前移动双腿了。而在妈妈的眼里，婴儿的这种表现就是在走路。

然而，成人强加给孩子一种具有辅助作用的支撑物，就像我们为残疾人提供具有支撑作用的拐杖一样。如果孩子习惯了依靠篮子，一旦有一天篮子突然被拿走，他们就一定会摔倒。

当我们把科学引入儿童教育领域的时候，它给整个社会带来的是什么呢？我要郑重说明的是，它不可能教你怎样让孩子的鼻子长得高挺，也不会教你怎样使孩子的耳朵保持完美的样子，更不会教你怎样让婴儿出生后马上就能走路。我只是向你证明：自然本身决定着头、耳、鼻的形状；不割断舌头下面的韧带，孩子也能学会说话；腿会自然地长直，行走的能力将自然地产生。我们最好不要对它进行人为的干预。

我们应该遵循一条原则：尽量把所有的事情留给自然。婴儿越是能得到自由的发展，他们的身体比例就会形成得越协调，身体机能也会发展得越健全。我提倡去除各种束缚，让婴儿在恬静的状态下生活，让他们始终处于最大限度的安宁之中。我们要让婴儿的双腿完全放松，让他们在躺着的时候能够得到充分的舒展，不要刻意逗弄得婴儿手脚乱动。一定不要在时机还不成熟的时候强迫孩子走路，要相信一旦时机到来，孩子就会自己站立起来，自然地开始行走。

令人欣慰的是，现在很多母亲已接受了这种观点，而那些卖绑带、布袋和篮子的商人也只好另谋生路了。

这带来了什么样的结果呢？一个事实是有目共睹的：孩子们的腿比以前长得更直了，他们走得也比以前更灵活了。这已成为一个客观存在的事实，当然也是一个最让人高兴的事实。回想一下，因为一直认为成人的呵护直接决定着儿童的双腿、鼻子、耳朵甚至头部的形态，所以我们为此度过了多少担心忧虑的日子呀！由于我们觉得自己责任十分重大，甚至大家都感到自己担当不起！而有了客观的认识之后，我们现在就明白了：大自然会考虑这些问题的。我们需要做的只有给孩子自由，看着他们健康地成长。就让我们来做这个奇迹的旁观者吧！

对于儿童的内心生活，我们也经历过类似的情况。我们曾经认为，孩子在塑造性格、发展智力、学会表达情感等方面，都非常需要我们的帮助。为此，我们也曾同样深感担忧。我们经常问自己：我们应该怎样帮助孩子呢？正如那些常常捏孩子的鼻子或者用帽子限制孩子耳朵的妈妈们一样，我们能用某种特殊的方法去约束他们吗？实际上，人的性格、智力、情感等心理素质的发展跟身体的成长同步进行。

需要明确的是，我们既不能创造物质，也不能缔造精神，一切都由自然掌控着。如果我们对这一点确信无疑，我们就必须遵循“不干预儿童的自然发展”这条基本原则。而且，我们也不能孤立地对待问题。换句话说就是，我们不要去片面追究什么是对个性、智力和情感的发展最有帮助的因素。其实，要想揭示出教育的根本，就要搞清楚一个问题，那就是：我们应该怎样做到给孩子自由？

只有以自由为发展原则，才能真正为孩子设计出一套科学地促进他们身体成长的方案。也只有在自由的氛围中，人的头、耳、鼻才能进入最完美的发育状态，他们走路的姿态也会在其先天能力的基础上日渐完美。同样，只有自由，才能让孩子的性格、智力与情感在最大程度上得以发展。这种自由原则还要求教育者带着一种平和的心态去关注孩子在成长的过程中发生的每一个奇迹。这种自由能让我们在虚构的责任和忧虑所带来的痛苦重压下得以解放。

孩子的环境是为孩子布置的

生物科学已经证实了环境对生物具有重要的影响，唯物进化论也指出：环境戏剧性地影响着物种的繁衍和生物的形态，使它们发生改变甚至变异。我们不可能去证实所有的理论，但是法国昆虫学家法布尔的研究却有力地印证了这一结论。法布尔对昆虫生存环境的研究，为我们进一步认识和了解昆虫生命的发育过程提供了依据和帮助。在生物研究的过程中，我们也认识到了，只有在自然环境下进行观察和研究，才能透彻地了解生物。

至于人类和环境之间的关系，与其说是人类适应环境，还不如说是人类创造了一个适应自己的环境。人们总是生活在社会环境之中，其中总有一些特殊的精神力量发挥着重要的作用，从而构成了社交活动的种种关系。如果一个人不能适应他周围的环境，他就无法学会了解自己，也不能正常发挥自己的潜能。新式的教育理论正是注意到这一点，才呼吁人们重视培养孩子的社会生活能力，鼓励孩子学会与人相处，并将此作为其理论的核心之一。

然而，现在的孩子都生活在成人的世界里，他们根本找不到可以适应的环境。这对孩子人格的发展具有很大的影响。最常见的例子就是，孩子身边的物品跟他们的身材比例相差很大，使他们无法对环境中的事物产生认同感，更无法很好地完成自然的成长和发展。

而环境失衡对孩子产生的重大影响，不仅仅是因为物品尺寸大小的差异，还因为他们在这种不适宜的环境中无法自如、顺利地行动。一个动作灵活敏捷、技术娴熟的杂技演员，如果发现别人想模仿他的动作，一定会觉得那人自不量力。因为在他的心中，根本没有人能够达到自己的水平。如果那个人还硬要试着一步步地跟着他的动作学习，这位杂技演员一定会失去耐心。我们对孩子的态度是不是也是这样的呢？因此，我要向每位母亲提出建议：允许你的孩子在三四岁的时候根据自己的兴趣去做事，允许他们自己梳头洗脸、穿衣服或者吃东西。

如果我们试着在自己为孩子设计的环境中生活，即使只有一天，我们也一定会感到十分痛苦。我们可能也会像孩子那样，将大部分的精力放在为自己的行为进行辩护上。这样的话也一定会整天从我们的嘴里冲出来："别管我，我不想这样！"最终，我们可能会因为无法找到维护自己的方法而哭出来。而我们也会听到妈妈们的责怪："这孩子真不懂事，早上不起床，午睡的时候眼睛闭都不肯闭，还整天说着'不要，不要'，小孩子怎么能这样呢！"

如果母亲能在家里为孩子布置出适合他们身材的环境，去配合他们的心理发展，帮助孩子释放自己的精力，给孩子充分的自由，构建真正属于孩子的环境，我们就能够逐步地从根本上解决一些问题。

同样，学校是为孩子们建立的，里面的桌椅等用具也都应该适合孩子的身材和力量，让孩子能够像我们在家里使用家具一样，得心应手地移动和使用这些东西。

下面是一些为孩子布置环境的原则：

- 家具要轻巧，摆设在方便孩子移动的位置上。
- 照片要贴在他们视线所及的高度上，让孩子能够不费力地看到。
- 孩子周围所有的东西都应按照这样的原则安排，例如地毯、花瓶、盘子等。家里面的东西要让孩子都能够使用，还要让孩子多参与一些家庭的日常事务，比如，穿衣服、梳头洗脸，甚至扫地、清理地毯等。
- 儿童周围的物品应该坚固而具有吸引力。学校的设计应舒适而充满童趣，使孩子乐于在其中学习和生活。正如我们所知道的，良好的家庭环境能够促使家庭氛围和谐温暖，优美舒适的学校环境与孩子的学习活动之间也必然存在着关联。与处在混乱环境中的孩子相比，良好环境中的孩子会具有更多的探索与发现的主观意愿。

孩子对环境的好坏是非常敏感的。

有一天，旧金山蒙台梭利学校的一个小女孩去参观公立学校，她一进教室就发现里面的桌椅上都是灰尘，她对学校的老师说：“你知道为什么你们学校的学生宁可让教室这么脏，也不愿意打扫吗？因为他们没有漂亮的抹布。如果不能用漂亮的抹布，我也不愿意去打扫。”

孩子用的家具一定要是能够清洗干净的。这不仅仅是为了卫生，更重要的是这些家具可以为孩子提供机会，让他们愿意去做家务。孩子会由此逐渐学会关注周围的环境，学会把污渍清理干净。时间长了，孩子就会自然而然地懂得去把周围的东西洗刷干净，而保持清洁也会成为他们的习惯。

在属于自己的环境中掌控行为

许多人经常建议我，在桌脚和椅脚下垫上用塑胶制成的防滑垫，以减少移动桌椅时发出的噪声。我觉得能够发出噪声其实也很好，它会让我们了解到自己有没有做出粗鲁的动作。孩子们一旦动起来，就会失去秩序性。他们还不知道怎样才能控制好自己的行为。他们在这一点上跟成人不同，因为他们还不能自如地控制自己的肌肉。

在我们的学校里，那些桌子和椅子发出的噪声会把孩子们的每一个粗鲁的动作都展示出来。正是因为这样，孩子们才会懂得注意自己的身体行动。

在我们的学校里还有一些类似于玻璃、盘子、花瓶等易碎的物品。对此，可能会有人提出质疑：“为什么要这样做呢？那些玻璃制品肯定会被三四岁的孩子打破的！”在他们眼里，玻璃似乎比孩子还值得重视。而事实上，通过这些事物对孩子进行的身体训练比那些物品本身要珍贵得多。

孩子在真正属于他们的环境中会注意自己的言行，掌控自己的行为举止。在这样的环境里，他们能够改善自身的行为，不需要外来的激发和鼓励。我们能够看到这些孩子脸上露出的喜悦和自豪，有时还能发现他们一本正经的模样。可见，孩子原本是能够自发地改进自己的行为的，而且他们很愿意这样做。

事实上，对于一个3岁的孩子来说，他的人生道路正被各种成长所填满。我们应该尽全力去帮助孩子改善自我，使其成长为一个有用的人。也就是说，我们应该给孩子练习自己做事的机会。因为只有在不断的练习中，他们才能取得发展和进步。就像孩子并不是完全因为觉得好玩而去洗手，他们是觉得自己能够完成这件事情才去做的。孩子发展自身能力的根本是在生活的实践中自己动手。

什么是真正的爱孩子

在孩子自我发展的过程中，当他们尽自己的努力将工作完成得越来越好的时候，成人应该做些什么呢？我们经常绞尽脑汁去帮助孩子，结果却总是适得其反地影响了他们自然的发展。

比如，很多学校要把桌椅固定在地板上。孩子们通常很好动，而且他们的动作有时候的确有些粗鲁，但即使桌椅不固定，他们也不会想去破坏它们。桌椅固定起来可能显得非常整齐，可孩子却没有办法自然地发展自己有秩序的身体行动了。

再比如，为了不让孩子把碗碟打破，我们可以为他们准备铁制的器皿。可是这样做的结果，有时候却是更让孩子像着了魔似的要把碗碟扔到地上。我们这些“障眼法”似的做法除了会让孩子继续犯错外，还会阻碍孩子发展。

当我们看到孩子遇到了困难，通常会马上出手相助，帮孩子完成他们要做的事情。我们的脑海中好像有一个声音在说：“你想自己梳洗吗？你要自己穿衣服吗？不必那么麻烦了，有我在这里，我会帮你把所有你想做的事情都做好。”我们本以为这是在帮孩子，是为了他们好，可孩子就这样被我们剥夺了自主权，他们会变得难以相处，而我们则把他们的表现看成是“不乖的行为”。

仔细想想，孩子在出生后的前几年是怎样生活的？他们必须待在家里，那里到处是不能打破、不能弄脏的东西。孩子们不能动弹，无法在实践中学会控制自己的身体，也不能练习使用各种日常生活用品。他们没有积累生活经验的机会，生命的发展必将受到影响。

还有一些孩子，似乎没有人能够管教得好他们。他们经常心情烦躁、情绪不高，总是不愿意听话地去梳洗。父母对他们也没有什么好办法，于是就不加干涉地随他们去了。这样的家长被公认为非常有耐心、能容忍、对孩子好。但是，这种方法真的好吗？如果大家真的都是这么认为的，那么人们就没有真正理解好的标准。

真正对孩子好不是去包容孩子所有的错误，而是要找到方法帮助孩子避免再犯错误。我们应该清楚，弱小无力的孩子其实非常需要别人的帮助。对孩子好，就应该努力让孩子在自然的状态下生活和成长；对孩子好，就应该尽全力为孩子提供他们成长所真正需要的东西。这才是真正的对孩子好，才是真正的爱孩子。

站在孩子的旁边默默观察

当为孩子提供了他们所需要的一切条件后，我们必须做的就是控制自己盲目帮助孩子的冲动，跟孩子保持一定的距离，不要总是去干涉他们，当然也不能漠不关心。当孩子专心地去做他们眼中非常重要的事情时，他们会非常安静，乐在其中地享受属于自己的快乐。这时，我们什么也不需要去做，只需要站在孩子的旁边默默观察他们。

我们的学校正是源于这个理念建立的。在一般的学校里，老师通常在活动中占据主动位置，孩子则被动地参与。与之相反的是，在我们的学校中，老师们都担任观察者的角色，孩子能自觉主动地进行自己的活动。而且，越希望孩子成长发展得更好，成人就越应该只在旁边观察。

在我们的学校里，曾发生过一件非常有趣的事情：

有一次，校工忘记打开学校的大门了，孩子们不能进去玩耍，都很不开心。后来，老师想到一个办法："你们可以从窗户进去，可是只有我进不去。"结果，孩子们一个个地从窗户爬进教室去玩，而老师也非常开心地在外面守候着他们。

自然发展、乐于自己动手做事的孩子，是善于合作而又活力四射的。所以，我们应该努力创建能够真正帮助孩子、为他们的成长发展提供锻炼机会的良好环境。请成人放开孩子，暂时离开一下，不要像"襁褓"一样裹住孩子，给孩子适当的自由。这将是教育的一大进步。

警惕成人对孩子的压制

充满权威的成人世界

儿童从出生那一刻开始，就受到成人的压制。而可怕的是，人们居然对此毫无察觉。即便在我们这样具有所谓先进文明的开化社会中，也由于复杂的社会礼教、成人对儿童行为的强制约束、成人刻意限制孩子的自我发展，致使儿童与成人的对立关系更趋恶化。

如果一个孩子在由大人控制的环境下长大，那么他的许多需求是无法得到满足的。孩子的必要需求不只是来自身体方面，更重要的还有来自心理方面的。心理需求是否能够得到满足，对孩子今后智力和道德精神发展有着极为重要的影响。被比自己强大很多的大人压制着，孩子不仅不能够按照自己的意愿做事，而且还要被强迫去适应对自身不利的生活环境，而大人还总是天真地认为他们是在帮助孩子学会如何在社会上生活。然而，这些所谓的教学活动，全部采取了命令式的，有时甚至是暴力式的方法，以此来强迫儿童适应成人的生活世界。这些教学活动要求孩子必须完全服从大人的指示，这就等于否定了儿童作为一个独立个体的存在，对儿童来说是非常不公平的。儿童因此受到的身体和心理的打击和伤害，甚至是任何一个成人都无法忍受的。

成人对儿童的权威态度深深植根于家庭之中，就算那些极受宠爱的儿童也不能免受大人的权威压制。在学校中，与家庭类似的强权教育则表现得更为严重。学校采取的有组织的强权行为致使孩子们提早去适应成人的世界，然而实际上，这种教育只是为了让孩子早些配合成人的生活。其实，学校里强制性的行为规范和严格的功课标准，都跟孩子本该无忧无虑的童年生活格格不入，给他们的日常生活带来种种危机。对于缺乏反抗能力的孩子来说，学校和家长这种权威式的管教方式毫无疑问是一股强势的压力。在这样的氛围下，孩子胆怯不安地发出了求救声，却好像也从没得到成人的关注。孩子希望有人能来听听他们的意见，可他们弱小的心灵却不断地碰壁、受伤。时间长了，孩子不仅会变得不愿意顺从，还有可能会变得不爱惜自己，任凭自己做出危险的举动。

如果我们要让孩子幸福快乐，就应当采取妥善并且人道的做法，那就是为孩子建立一个不再压制他们的学习环境。这个环境应该与孩子的性情相适合，让孩子可以在其中自由地发展。任何一项教育制度的推行，都一定要从建立一个能够保护儿童的环境做起。这个环境要能够保护儿童不被成人世界那些影响儿童学习和成长的种种危害所影响；这个环境应该好像暴风雨中的避风港、沙漠中的绿洲一样，成为儿童心灵的寄托；这个环境应该时时刻刻都能确保孩子可以健康正常地发展。

有关儿童的社会问题，并不是单纯的阶级、种族、国家的问题。如果一个儿童只会在成人身旁扮演附属角色，他将无法懂得如何在社会环境中生存。成人只顾自身的利益而压制儿童的做法，破坏了社会的整体性，不管从哪个方面来看，孩子都将成为受害者。所有关心儿童福利的人达成了一个共识：儿童是最无辜的受害者。被当作成人附属品的儿童根本没有能力为自己争取权益。儿童受到的伤害直接而又深刻，他们特别需要社会给予同情和空间。社会上经常有些讨论，将不幸的孩子和幸运的孩子、出身贫困的孩子和生活富裕的孩子、被抛弃的孩子和受到宠爱的孩子进行比较。这些讨论的结果都一致表明，人与人之间的个性差别早在童年时期就已经形成了，而且一个人的童年经历对其成年之后的生活确实有着深远的影响。

受到成人压抑的儿童

弗洛伊德[1]用“压抑”这个词来形容成人的一种根深蒂固的心理障碍。这个词本身已经清楚地说明了心理障碍产生的原因。

一个孩子之所以不能正常地成长和发展，很可能是由于受到了成人的压抑。

“成人”这个词本身是很抽象的。实际上，由于儿童与社会是隔离的，当一个孩子受到成人的影响时，他就变成了一个特殊的成人，他的行为、举止就会与最亲近的人相似。这些能影响儿童的成人，通常是他们的父母或老师。

然而，社会却赋予了成人截然相反的使命：成人有权决定儿童的教育与发展。现在，当人类的思想积累到了一定的高度之后，我们才转而发现，过去那些被认为是人类的保护者、施救者的成人，其实应该受到控告。既然几乎所有的成人都扮演着母亲、父亲或监护人的角色，那就表示所有成人都应受到控告。对儿童负有不可推脱责任的社会也应同时接受审判。这一惊世骇俗的控告就如同神秘而令人畏惧的“最后的审

1　弗洛伊德（1856—1939），奥地利心理学家，精神分析学派创始人。代表作有《梦的解析》。

判”一样，它意在给我们以警示，让我们反思：“你们究竟是如何对待孩子的？”

成人对此的第一反应肯定是抗议和自我辩护：“我们已经尽了自己最大的努力，我们深爱着自己的子女，甚至为他们牺牲了自己的幸福。”

虽然成人表面上在为自己辩护，其实在他们的内心深处充满了矛盾。为自己辩解似乎已经成为成人的一种习惯，我们对此不感兴趣。我们感兴趣的是这个控告本身，而不是谁受到了控告。被告虽然在照顾和教育孩子时尽心尽力，却还是发觉自己就像一直徘徊在没有出口的密林中，身陷困扰重重的迷宫之中，根本无力自拔。其实成人不知道，他们之所以会迷路都是自己造成的。

所有代表着儿童利益的人都应该对成人提出控告，并坚持不懈。

也许，这一控告会立刻引起人们浓厚的兴趣，因为它公开指控的并不是那些见不得人的错误，也不是那种让人感到丢脸、无能的错误，而是一种在无意识中犯下的过错。这种指控能使人们更深刻地了解自己，从而提升自己的精神境界。事实上，人类每一点真正的进步并不完全是因为发现和利用了未知的事物！

人们在对待自己所犯的错误时，态度总是如此矛盾：对有意犯下的错误会感到痛心疾首，而对无意犯下的错误则置若罔闻。其实，在无意犯下的错误中隐藏着巨大的机会。人们一旦认识到这些错误，然后加以克服，就会使自己达到并超越目标，并最终给人类带来更进一步的发展。

成人对儿童的阻碍

阻碍孩子的行动，就是在孩子人格建构的道路上设立了障碍。思想的产生是独立于行动的，而行动则能够听从他人，动作并不是只对某个精神做出反应。如果孩子人格建构遇到障碍，性格就会变脆弱，内心的不协调将削弱每个行动的效用。对于人类未来的发展来说，这是亟须重视的，也是家庭教育和学校教育应该深思的首要课题。孩子的精神要比一般人所认为的更高尚。而经常使孩子感到痛苦的不是需要去做很多事，而是不得不做一些对他来说没有意义的事情。孩子感兴趣并愿意付出心力的，是那些符合他的智力程度以及与他作为一个人的尊严相符合的事。在全世界上千所学校里，我看见了许多孩子做出人们认为他们不可能做到的事情。孩子的表现，证明了他们可以长时间地做某件事而不感到疲累，证明他们可以专心到仿佛完全与世隔绝，这些也是孩子人格发展过程中的环节。在文化方面，孩子已经显现得非常早熟，才4岁半的孩子就已经学会怎样写字，而且会充满热情地享受其中的乐趣，于是，我们把孩子这一时期对于画写的热衷称为“画写爆发”。

孩子小时候，在轻松、有趣的气氛下学习画和写，他们一点儿也不会觉得写字很累人，因为那是一种自发的活动。

看着这些健康、安静、天真的孩子，看着他们感情细腻、充满爱和欢乐、随时准备帮助别人的样子，我不禁要进行反思，人们过去对人类的根源施加了一些错误的做法，使得人们为此浪费了太多的精力。正是成人，让孩子变得疑惑、叛逆，什么都不会做；是成人剥夺了孩子旺盛的精力，压抑了孩子独特的个性。成人急切地纠正孩子的错误、弥补孩子的心理缺失、完善孩子的性格缺陷，却不知道孩子的这一切问题都是由成人造成的。作为成人，我们发现自己在一个没有出口的迷阵当中迷失了，我们身陷在没有希望的挫败中。成人发现自己为问题满布的丛林所困扰，不知道该怎么做才好，只有等到可以勇敢地面对错误并且进行改正，问题才会消失。如果错误不改正，孩子长大成人以后又会成为同样错误的受害者，错误就这样一代又一代地传承下去。

在成人中进行彻底的变革

现在，要想不再像以前那样错误地对待儿童，把儿童从内心的冲突与危险的思想中解救出来，首先应该进行一场彻底的变革。这是一场翻天覆地的变革。这场变革必须在成人中进行。尽管成人宣称为了孩子他们已经竭尽所能，并以牺牲自己的幸福来成全对孩子的爱。但是，他们也不得不承认，他们的确遇到了难以克服的困难。为此，他们必须到现有的知识体系以外去找寻答案。

尽管对于儿童依然存在大量的未知，我们对于儿童的心理也并未完全了解，但我们必须努力去认识。我们必须怀着一种热情和牺牲精神去开掘这片未知的领域，就像那些怀揣着黄金梦想去海外寻找黄金的探险家一样。这是每一个想要探究儿童内心深处未知因素的成人必须要做的事情。不论国籍、种族和地位，所有的成人都应该参与进来，因为这是实现人类文明进步必不可少的要素。

成人至今也无法理解儿童，所以他们之间仍然存在着无法沟通和不断产生冲突的问题。掌握更多的知识或提高文化水平，并不能帮助成人解决这些问题。成人必须站在一个完全不同的角度，必须认识到自己无意犯下的过错。这些错误会妨碍他们真正理解儿童。如果成人没有做好纠正错误的准备，没有采取适宜的态度，他们就不可能进一步了解儿童。

反省并没有想象中的那样困难。这就如同人们一提起药品就会联想到它能用来治病，一个关节脱臼的人必然希望得到复位一样。同样，当一个人意识到了自己犯的错误时，他们就会感到有一种无形的力量正在逼迫自己去改正，因为一旦他们弄清了错误的原委，就会无法再忍受之前的那种难以名状的、无助的痛苦了。

当一切步入正轨后，生活才会顺利进行。只要我们认识到，我们在过多地关注自己的同时的确忽视了儿童；只要我们相信，我们其实也能够完成那些本以为无法完成的事情，那时我们就会渴望去了解儿童的内心，并会发现他们的心理与成人的心理之间存在着巨大的差异。

在与儿童相处的过程中，成人会慢慢变得自私自利、以自我为中心。他们从自己的角度来看待与儿童有关的一切，其结果只能使他们与儿童之间的误解越积越多。正是由于这种以自我为中心的态度，使成人把儿童视为一件心里空无一物、有待他人填塞的东西。

因为把儿童当成了一件脆弱而没有自理能力的东西，成人就觉得必须替他们做所有的事情。因为把儿童当成了一件缺乏精神指导的东西，成人就觉得需要不断地给予他们指导。也许，我们可以说，成人把自己视为儿童的造物主，只站在自己的立场上判断儿童行为的正确与否，以自己为标尺来衡量儿童的善与恶。他们认为自己是完美无缺的，儿童必须以他们为样板进行塑造。一旦儿童有任何行为偏离了成人的方式，就会被认为是邪恶的、错误的，必须马上加以纠正。

成人用这种方式对待儿童，并说服自己这是出于对儿童的爱和自我牺牲，但实际上他们却在无意识中压抑了儿童个性的发展。

第三章
0～2岁儿童的敏感期

视听觉敏感期

在一个婴儿身上可以观察到：

4个月大时，婴儿的眼睛一直盯着一个正在讲话的成人的嘴。从婴儿嚅动的嘴唇和头部的固定姿态上能够发现，他的注意力已经被那个成人的声音吸引住。6个月大时，婴儿已经能够掌握一些单独的音节。但是在他能发出这些音节之前，他一直在注意地听，刺激着发音器官。这表明这个婴儿心理活动已经具有一种“刺激—行动”的规律了。这种敏感性的存在，也许无法从实验中发现，而只能从观察中获得。

从儿童学习说话的过程中，我们能清楚地看到：当各种声音以杂乱无章的方式传入儿童的耳朵时，他们仿佛在顷刻间就能清晰地抓住某种有趣的、有吸引力的声音。这个还没有思维能力的小家伙就像听音乐一样用心地听这个声音。这个声音充满了他的整个世界，触动了他的神经纤维——事实上，这些神经纤维之前还处于蛰伏期，没有大声的召唤是不会被触动的。儿童的神经纤维受到了激发，开始有规律地振动，并会在某种特殊力量的引导下改变振动方式。

慢慢地，儿童的耳朵能辨别出不同的声音，舌头的运动也更加灵活。

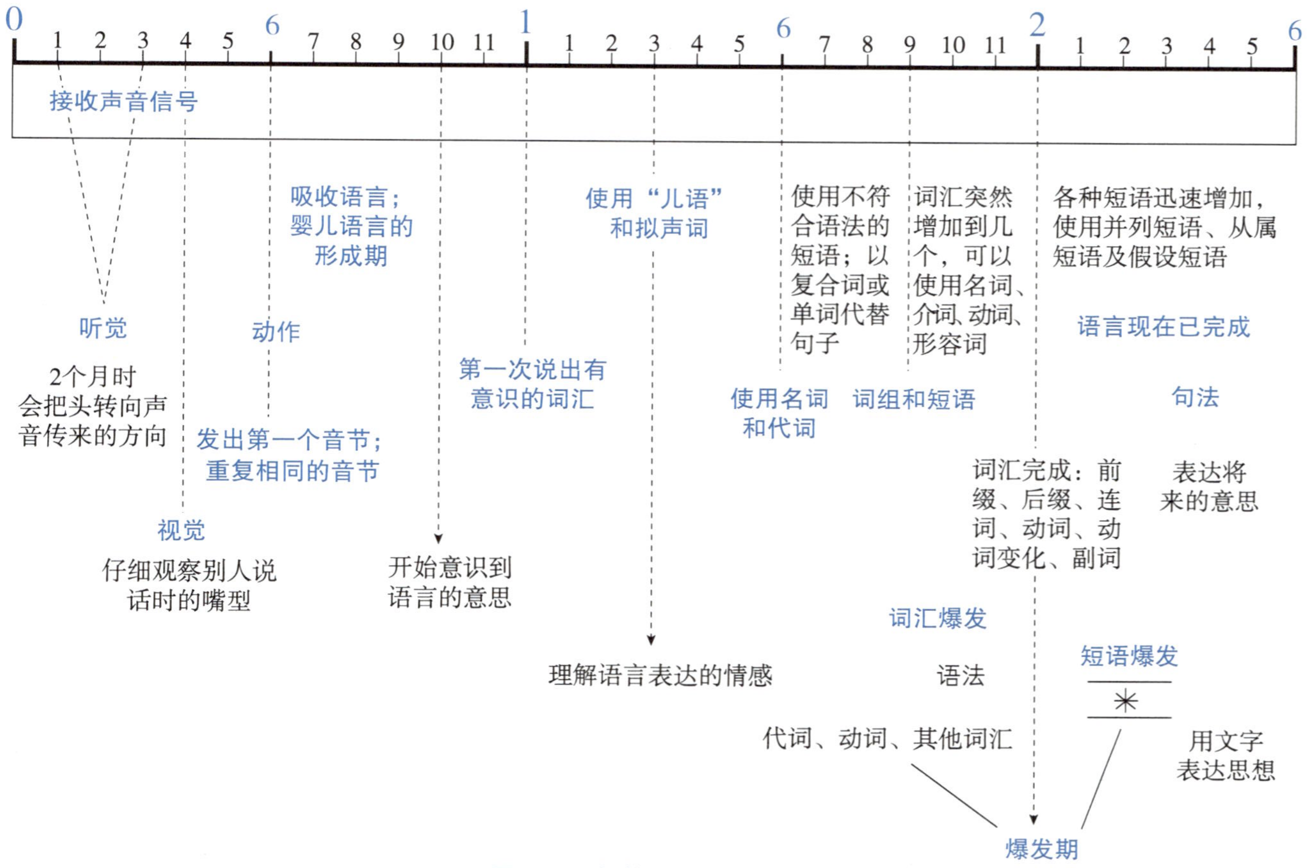

图1　儿童学习说话的过程

而在这之前，他们的舌头还只能用来吸吮。现在，似乎有某种不可抵抗的力量在驱使着儿童使用舌头，与脸颊、喉咙、嘴唇一起，进行一项特殊的运动。然而这种运动除了使儿童得到某种不可言喻的心理满足外，并没有任何目的。当他们能蜷起四肢、握紧拳头、将头转向说话的人，并紧紧盯着说话人的嘴唇时，他就会感到非常满足、愉悦。

只要儿童所处的环境能够充分满足他们内心的需要，这种心理变化就会秘密地进行，丝毫不需要他人的特别注意。比如，说话是儿童所有需要掌握的技能中最难的一种技能。也许成人对于儿童说话的敏感性并没有加以注意，但是由于儿童生活在成人的环境中，成人之间的对话为儿童语言能力的发展提供了必要的条件，满足了他们说话敏感性的需要，儿童此时早已开始悄悄学习着说话。事实上，唯一能使我们捕捉到儿童进入了语言敏感期的是他们的微笑。当成人用简洁、清楚的语言对儿童说话时，他们都会愉快地回以微笑。

之后，儿童能够区分各种声音，比如，教堂钟鸣的声音、临睡前的催眠曲等。儿童听催眠曲入睡就是一个非常典型的例子。在夜晚，当父母温柔地唱着催眠曲，一遍又一遍地重复相同的曲调、歌词时，儿童的情绪就会平静下来，从兴奋变得安恬，渐渐入眠。

链接：观察儿童的方法

要观察儿童的心理世界，法布尔观察昆虫的方法是一种非常合适的方法。当昆虫在自然环境中忙碌地工作时，法布尔便把自己藏起来，不去打扰它们。同样，我们也应该在婴儿的感官开始与外界环境产生联系时对他们进行观察，因为只有在那一时刻，这个生命才开始依靠环境自然地发展。

从下面的例子中，我们就可以发现这种观察法是多么简单：

在婴儿还不能站立时，许多成人认为婴儿是喜欢躺着的。但是，婴儿应从他生活的环境中——由上到下、由左到右的某个空间中，得到他的第一个感官印象。如果他总躺在床上，盯着房间的天花板看，看到的只能是如床单一样苍白而单调的天花板。成人应该让婴儿有机会看到那些能满足他心灵需要的物品。

有些父母认识到了这点，想用某种东西把儿童从单调的环境中吸引开来，但是却用错了方法。他们把某种环形的物品拴在绳子上，让它们在婴儿的眼前晃动。一直在注意观察外界环境的婴儿，由于无法转动头部，就只好用眼睛一直盯着摇摆不定的物品。他只好采用一种不自然的姿势，而物体也在没有规律地晃动，因此这时婴儿所做的运动是不自然的，并会对自己造成损害。

适当的办法是把婴儿放在稍微倾斜的平面上，这样他就能看到周围的事物。而更好的办法是把他带到户外花园里，让他在那儿看到小鸟、小花以及随风飘动的小草。

在不同的场景中，婴儿应该被放在一个地点的同一个位置上，这样他就可以在其中重复看到同样的物品，学会识别这些物品及其相应的位置，区别有生命和无生命的东西了。

感官刺激是第一步，就像一个婴儿如果想得到一件物品，他会探出整个身体去拿。只有在运动能力逐步发展和协调后，他才能分解各种运动，这时他才能认识到伸出手就可以够到想要的物品。

动手敏感期

人的手是如此精巧、复杂，它不仅能展示人类的心灵，而且还能使人与环境建立起特殊的关系。儿童最初学会的运动动作是抓或拿。在抓的动作出现以前，儿童把注意力放在手上。原来的潜意识理解能力现在已变为有意识的了。

手与四肢的发展

对运动的发展进行研究是特别有趣的，不只是因为它复杂，还因为我们可以清楚地看到它经历的每一个阶段。

在图2中，我用两条平行线来演示运动的发展，每一条线的下面还有很多短线。其中最粗的线表示1年的间隔，细一些的线表示6个月的间隔。下面的线表示手的发展，上面的线表示平衡和步行的发展。

低等动物的四肢是同时进行发展和工作的，而人类的上下肢是分开的，而且它们满足不同的目的和需要，换句话来说就是腿和胳膊的功能是不同的。人走路和保持平衡能力的发展是特别有规律的，我们会认为，这是人类发展的一种正常现象。人们确信，婴儿将来一定可以走路，人们也一定会互相学习怎样走路。可是谁都不可能说出人的手将来会做些什么事情。

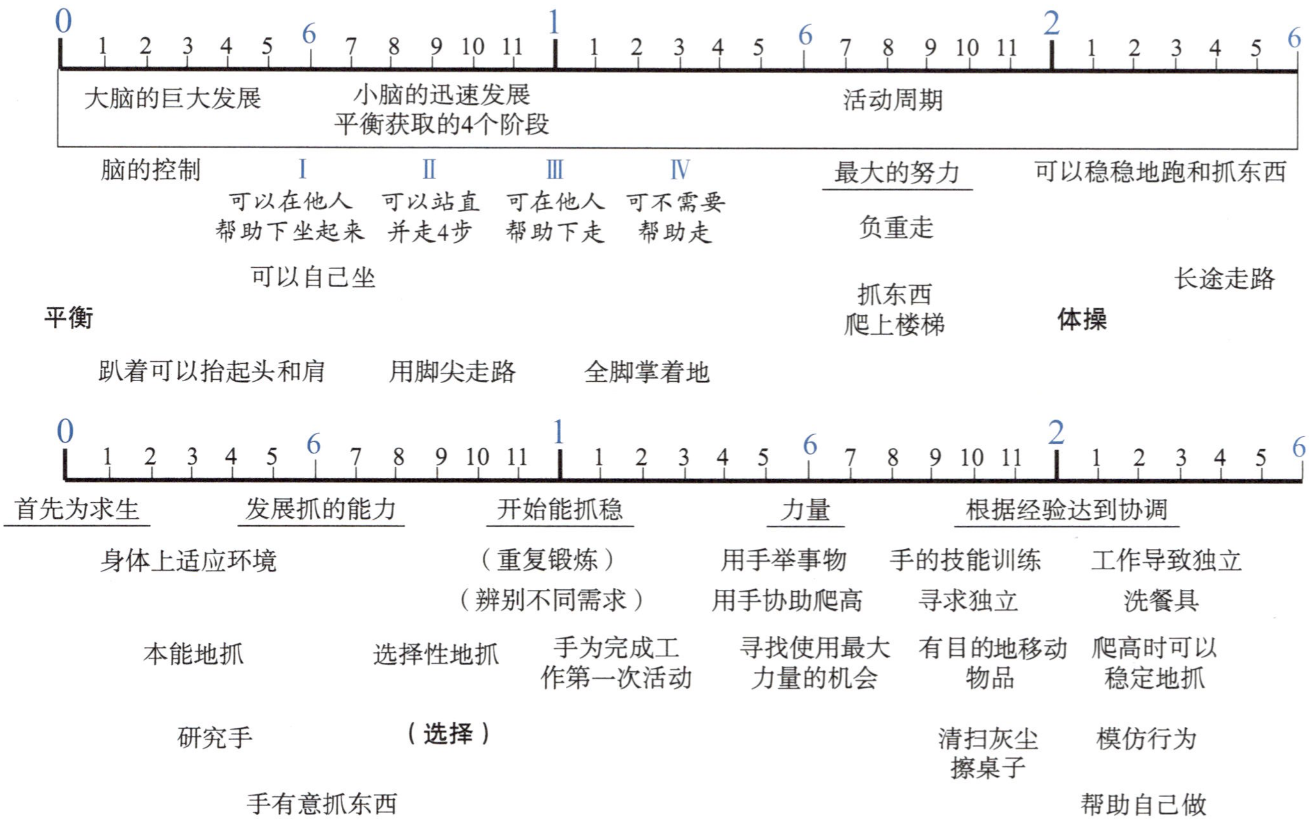
0 1 2 3 4 5 6 7 8 9 10 11 1 1 2 3 4 5 6 7 8 9 10 11 2 1 2 3 4 5 6
大脑的巨大发展
小脑的迅速发展
平衡获取的4个阶段
活动周期
脑的控制
Ⅰ
可以在他人
帮助下坐起来
Ⅱ
可以站直
并走4步
Ⅲ
可在他人
帮助下走
Ⅳ
可不需要
帮助走
最大的努力
负重走
可以稳稳地跑和抓东西
可以自己坐
长途走路
抓东西
爬上楼梯
平衡
体操
趴着可以抬起头和肩
用脚尖走路
全脚掌着地
0 1 2 3 4 5 6 7 8 9 10 11 1 1 2 3 4 5 6 7 8 9 10 11 2 1 2 3 4 5 6
首先为求生
发展抓的能力
开始能抓稳
力量
根据经验达到协调
身体上适应环境
（重复锻炼）
（辨别不同需求）
用手举事物
用手协助爬高
手的技能训练
寻求独立
工作导致独立
洗餐具
本能地抓
选择性地抓
手为完成工
作第一次活动
寻找使用最大
力量的机会
有目的地移动
物品
爬高时可以
稳定地抓
研究手
（选择）
清扫灰尘
擦桌子
模仿行为
手有意抓东西
帮助自己做

图2　儿童运动的发展

手与心灵

儿童心理的发展是与手的活动相结合的，因为手是受大脑控制的。手和大脑紧密地联系在一起，手的活动是大脑活动的最佳表征。假如没有手的帮助，儿童的智力也能够发展到一定的水平，可是有了手的帮助，儿童的智力就能够发展到更高的水平，他们的性格也会更坚强。所以，尽管我们现在想讨论心理层面的问题，可是事实上，假如儿童无法在环境中找到机会去发挥运动能力，他们的人格就会停滞在一个很低的发展水平上；假如儿童无法使用手，他们的人格形成就会处在很低的水平上，出现不听话、没有激情、懒惰和情绪低落等表现。而可以使用手的儿童比不能使用手的儿童发展得快，而且他们的性格明显比不能使用手的儿童坚强。

手与脚的联合

儿童手的技能和他们的腿保持平衡的能力结合起来以后，他们不仅要求走路，而且还想要走很长的路，甚至去拿一些比较重的东西。

其实，大多数人走路就是为了去拿东西。儿童已经可以抓东西的手现在应该学习负重，而且应该去移动这些重物。有的儿童会抱起一大罐水，努力地使自己保持平衡，一步一步慢慢地走动。在这个过程中，他也要克服重力。

儿童喜欢攀爬，喜欢抓住某种东西使自己升高。现在，他抓某种东西的目的已经不只是想拥有它，而是想利用这个东西爬到高处去。这也是锻炼力量的过程，儿童在整个过程中都在锻炼力量。这是符合自然逻辑的，那就是儿童应该在身体上足够强壮。

之后，儿童对自己的力量有了足够的信心，他已经可以走路了。这时候，儿童就开始对周围人的各种动作进行观察，而且努力去模仿他们。在此期间，他们的模仿不是有人让他们这样做，而是因为他们有一种强烈的内在需求。于是，我们能够由此总结出如下几条自然界的逻辑规律：

- 让儿童可以站立。
- 让儿童可以走路，而且变强壮。
- 让儿童参与到自己周围的环境中去。

我们能够看出，儿童在成长的过程中要经历很多准备阶段：

- 准备好自己以及自己的身体器官。
- 慢慢强壮起来。
- 观察他人。
- 自己可以独立地做事。

这都是大自然的要求，大自然还要求他们去练习。比如，爬椅子或者爬梯子等。只有完成了这些之后，他们才会进入一个新的时期，从而产生自己去做事的心理需求——“我已准备好，我需要自由”。

最后，儿童已经走得很好了，而且有了走路的需求。可是我们却没有充分地注意到这一点。一般的情况下，我们或者是抱着他们，或者是把他们放到学步车里。我们总认为，儿童还不可以走路，我们应该向他们提供帮助。在儿童走近成人世界的这个关键时期，我们的这种做法只会给他们带来一种自卑感。

儿童的小手充满了灵性和智慧

当儿童的小手第一次做出充满灵性和智慧气息的举动时，他们就向这个世界发出了向往和渴望的信号。对于他们想要投入世界的举动，成人应该真诚地表示赞美。然而，成人总是担心那些小手握住的是一些毫无意义的东西，还想尽办法把这些东西藏起来，避免儿童拿到。“不要碰”也像“别动”“安静”一样，成为成人口中反复出现的命令。

成人在潜意识中隐藏着某种焦虑，使他们在无意识中筑起了自我保护的防线。他们还会请求其他成人的帮助，好像正在同某种侵犯了他们财产和安宁的强势力量进行着秘密较量似的。

儿童需要在环境中寻找各种可以用来看或听的东西，这些东西能帮助儿童发展自己的心智。因为儿童只有运用自己的双手去运动，才能获得自身的发展。而那些用来看或听的东西就是让他们运动的东西，它们能带给儿童活动的对象和活动的机会。可实际上，成人却忽略了儿童的需求。儿童周围的事物似乎都被成人所拥有和使用，他们不允许孩子去碰任何事物。儿童一旦得到了某种东西，就会像饿得发慌的小狗得到了骨头一样，赶快躲到角落里，使劲儿地啃着。他们想从这些东西上吸取营养，可又担心有人会把东西夺走。

儿童的运动不是偶然发生的。他们在自我的指导下，对身体的运动进行了必不可少的协调工作。他们在多次的协调工作中积累经验，不断发展自己的心智。组织、协调表达能力的发展，使其发展得更为完善。因此，我们应该让儿童根据自己的想法自主地去做事。

儿童在运动的过程中进行着自我塑造，他们的运动也是有原因、有目的的，甚至包括他们那些看似任性的乱跑、乱跳、乱拿东西等行为，那些能把屋子弄得乱七八糟的举动，都不是毫无目的的。在成人行动的启发下，儿童努力地模仿着他们的活动方式，像成人那样去使用和处理事物。

家庭和社会环境对儿童的活动会产生直接的影响。儿童有一种想去模仿的天性，他们想去扫地，想去洗盘子、洗衣服、倒水，想去洗澡、梳头发、穿衣服，想去做各种事情。这种模仿与一般动物的模仿不同，儿童的建设性行动源于心灵的智慧。儿童先知道了自己要去做什么，然后才开始行动，别人所做的某件事情也唤起他们行动的渴望。在语言的学习上，儿童就是这样的。当儿童听到周围人说话的时候，就会运用自己的记忆力记住其中的词汇，然后根据不同的需要自己去运用。这跟鹦鹉学舌是很不一样的。在模仿声音的同时，儿童还会运用自己已经拥有的知识。

我们应该认识到，儿童不是机械地模仿周围人的行动。这样，我们才能更好地了解儿童，更好地了解儿童与成人的关系。

给手的发展提供适宜的条件

儿童最初开始活动的时候，还不能像他们周围的成人那样有条理地做事。但是，他们已经开始以自己的方式有目的地进行着一些基本的活动了。1~3岁的孩子通常会出现这样的行为，而成人对此往往充满了不解。

我曾经看到这样一个例子：

一个18个月大的孩子发现了一摞熨得平平整整的毛巾。他小心翼翼地拿起其中的一条，还用另一只手从上面把毛巾压住，使它不会散开。就这样，他把这条毛巾从房间的这边拿到了斜对面的角落，放在地板上，说："一条。"然后又像来时那样返回去。

穿过房间后，孩子又拿起了第二条毛巾，按照相同的路线和方式把它放在了第一条毛巾上，而且又说了一次："一条。"

接下去，这个孩子就一直重复着这项活动，直到把所有的毛巾都转移过去。接着，他又转变了活动的方向，又把所有的毛巾都拿回了原地。毛巾不像原来那么整齐了，有些倾斜，但它们还是折叠得相当好，而且基本上也是整齐的。

幸运的是，在这个过程中，没有成人对这个孩子进行干扰。在每天的生活中，成人不知道会有多少次有意无意地干扰儿童的行动。他们不停地在儿童的身后大声叫喊："别动，不能碰那个东西！"孩子们的小手甚至还因为碰了成人不允许的东西而挨过打。

还有一项基本活动也非常吸引孩子，就是取下瓶盖，然后再把瓶盖盖上。这是孩子们最喜欢的活动之一。尤其是那种能够折射出七彩光芒的瓶子的盖子更令孩子们着迷。同样，把墨水瓶和盒子的盖子拿下来再盖上去，或者打开柜子的门再关上，这些活动也让孩子们乐此不疲。

由此我们能够想象到，孩子和父母会因为这些东西产生冲突。因为孩子感兴趣的东西很可能是父母的物品或家居用品。父母不允许孩子碰这些东西，孩子也会因此发脾气。其实，孩子并不是想要某个特定的瓶子或者墨水瓶，他们只是想要进行这样的活动。

这些基本的活动都没有什么明显的功利性目的，而只是人类最初的探索和努力。我们针对这种情况，为儿童制作了许多教具。比如，有一套大小不同的圆柱体，与之相配的木板上有大小不同的孔，不同的圆柱体可以嵌入不同的孔。这类玩具针对儿童特定成长发展阶段的需要，取得了很好的效果。

从儿童心理的角度出发，这些做法是很适当的，可在成人的眼里却很难实现，因为在他们的头脑中存在难以超越的障碍。即使他们勉强同意儿童随意接触、移动东西，在他们心底也一定会涌起一种模糊却无法压抑的冲动，令他们产生支配儿童的想法和行动。

还有一个例子：

一个来自纽约的妈妈，她很了解儿童的这种心理和活动，很想把这些观念实践在自己的孩子身上。她的儿子2岁半，她没有去禁止儿子搬东西，可仍然总想帮他的忙。

有一天，儿子要把一个装满水的罐子拿到客厅，妈妈注意到，儿子非常紧张，行走得缓慢而且吃力，还不停地提醒自己要小心。

水罐很重，妈妈最终还是忍不住去帮了儿子。她拎起水罐，很轻松地就把它拿到了儿子要去的地方，可是儿子却感到受了委屈，还很难过。妈妈也觉得有些内疚，可是却并不觉得自己做得不对。尽管她知道孩子必须自己去做这些事，可还是不愿意让他为此浪费力气。于是，她宁可自己很快地做好，也不愿意让孩子在这种事情上浪费时间和精力。

在跟我的交流中，这位妈妈说她知道自己做得不好，而我从另一个方面思考了这个问题，那就是成人要保护自己的财产，由此产生了“对孩子的吝啬”。我提出了自己的想法：“有没有更合适的工具呢？比如，杯子。如果孩子使用这种轻巧的东西，事情会怎么样呢？”

那位女士接受了我的建议。

后来，她激动地告诉我，她的儿子安全地把杯子拿到了目的地。他在整个过程中都小心翼翼，走一步还要停一下，而妈妈也随着他激动不已：一方面是因为儿子成功地完成了这项工作；另一方面，她也担心那个杯子。但最重要的是，她让儿子完成了他渴望做的事情，这对他的心理发展意义重大。

还有一次：

我在一个14个月大的小女孩手里放了一块抹布，让她可以用这块抹布做些类似于清洁的活动。小女孩真的用抹布擦了很多明亮的小东西，还感到非常高兴。可她的妈妈却觉得这样的东西还不适合小孩子，不愿意拿给她。

儿童本能地喜欢工作，认识到这一点是很重要的。不理解这一点的成人面对儿童第一次展现出来的这种本能时，会觉得非常惊讶。成人知道，要满足儿童的需要，自己就必须做出相当大的努力，他们需要放弃自己的个性和对环境的某些要求，即使这是与他们的日常生活相冲突的。如果成人还像现在这样不让孩子接触周围的事物，那就像不让孩子学习说话一样，会阻碍孩子的成长。

给孩子创造适当的环境，让他们能够实现自己的强烈愿望，是解决这种矛盾的方法。在孩子开始说话的时候，成人并不需要为他们做什么特殊的准备。他们发出的“咿咿呀呀”声，对成人来说是一种非常美妙的音乐。而当他们学习用自己的小手活动时，也需要相应的物品来呼应配合，这些东西对孩子的活动具有刺激作用。儿童要完成一项活动时，常常要付出超出我们想象的努力。

我有一张照片，上面是一个拿着大面包的英国小女孩。那是一个非常大的面包，小女孩根本不能用两只手拿住它，只好用身体顶住面包，腆着肚子向前走，以至于她连脚下的路都看不清了。一只小狗走在小女孩的身边，一直注视着她，也显得非常紧张，好像马上就要奔过去吃女孩手中的面包。照片的背景中，有很多成人也在注视着眼前的情景，他们必须控制自己过去帮忙的冲动。

有时候，很小的孩子也能在实际的活动中掌握工作的技能，并培养起准确行动的能力，这确实让我们大为惊叹。

行走敏感期

孩子开始动手动脚

儿童的身体里仿佛有一个闹钟，将把他体内保持平衡的能力唤醒。环境在这里没有发挥任何作用，而是大脑发出了命令信号。经过不断的努力和坚持，儿童已经可以坐起来而且蹒跚学步了。心理学家说，人类可以站起来需要经历4个阶段。

- 第一个阶段：坐起来。
- 第二个阶段：翻身，然后爬行。如果在这个阶段你让他抓住你的两个指头，他就会用脚来走路，不过只是用脚尖接触地面。
- 第三个阶段：能够独自站立，而且用整个脚掌着地，已经可以完成人的正常站立姿势，当然他还是需要扶着别的东西，比如，母亲的衣服等。
- 第四个阶段：不需要别人的帮助而自己走路。

所有这些都可以归因于儿童的内部成熟过程。之后，儿童或许要说：“我能够自己走路了，我自由了，再见！”

这时，儿童达到了一个新的独立水平，而独立的意义就是自己可以做事，能够不依靠他人的帮助而做好一件事情。独立可以使儿童快速地发展，否则儿童的发展将会变慢。所有的发展力量都应该通过实践得以发挥，在具备了基本能力以后依然需要实践来提供帮助。如果一个儿童已经长到3岁，我们却还把他抱在怀里（经常会有这样的情况出现），他的发展就必然会受到限制。如果儿童已经真正独立了，成人的帮助就会成为一种障碍。

孩子的走路需求

走路对于2岁的孩子来说是很自然的需要，因为他们要想长成一个大人，走路是他们必须掌握的基本能力之一。在心情好的情况下，一个2岁的儿童也能走1英里（约1.61千米）远的路，并且他会很愿意战胜走路过程中的各种困难。

对于走路，儿童跟我们的看法完全不一样。我们之所以觉得儿童不能走很远的路，是因为我们下意识地要求儿童要跟我们用同样的步幅、步调行走。这种想法是很愚蠢的。这就像我们跟一匹马一同奔跑，而且想要跟上马的步子一样。如果马看到我们气喘吁吁地跟着它们，一定要说："我来驮你吧，让我帮助你吧。"可儿童并不是想到某个地方去，他们只是想走走而已。

儿童的腿不像成人那么长，我们不能要求他们跟上成人。这时候，我们就应该放慢速度。很多时候，迁就儿童是很有必要的。儿童的发展有自身的规律，成人应该遵循这些规律去帮助儿童，而不能把自己的意愿强加在他们的身上。

儿童行走的时候不仅要使用腿，还要使用眼睛。他们要走路的原因是他们被一些有趣的事物所吸引：

当儿童看到地上有一束牧草，他们就会蹲下去仔细观察一会儿，然后站起来继续向前走；当他们看到一朵花，他们就会去闻一闻。

当他们遇到一棵树，他们可能就会往上爬，或者在树下转几圈，然后坐下来看着它。

他们可以像这样走上几英里远的路，其间会发现许多有趣的东西。

有时候，他们也会休息一下。

如果路上有什么障碍物，比如，石头、树干等，那就更好了。儿童对水有种特别的喜爱，他们一站在小溪边上，就会高兴地说："水，水！"可跟在他们旁边的成人却想着赶快到达目的地。

总之，成人与儿童对走路有着不同的感受和态度。

行走中的儿童像一个刚刚在地球上出现的原始人在游荡，他们不会说"我们去巴黎"，因为那时还没有巴黎；也不会说"我们坐火车去"，因为那时也没有火车。他们只是一直在游荡，直到被自己感兴趣或者有某种意义的地方吸引住，比如，一片可以砍柴的森林，或者一片能够放牧的草原。儿童也是这样，他们在不停地走、不断地发现。这是儿童的天性，也应该被我们教育工作者所关注。

我们应该将儿童的行走视为一种探索，而且这种活动最好在儿童很小的时候就开始。儿童需要多到户外行走，看看他们喜欢的事物。认识不同的颜色，观察树叶的形状和纹理，了解昆虫的习性，记住鸟类和其他动物的名称等，这些都能引起儿童的兴趣。当他们的兴趣提高了，他们就能在户外行走更长的时间。要想引导儿童进行探索，就应该牢牢吸引住儿童做事情的兴趣。

照顾初学走路儿童的需要

成人在照顾儿童时，应该遵循一项准则，即成人应该为了成长中儿童的需要，放弃自己的优势。

在动物界，高等动物也遵循着这个准则。比如：

当母象把一头小象带到象群时，其他大象就会自觉地放慢节奏以适应小象的步伐。当小象走不动时，其他大象也都会停下来，等待小象。

在各种不同的文化中，这条准则也有体现：

一天，我看到一个日本男人带着1岁半左右的儿子散步。我跟在他们的后面，看到男孩不时停下来用手臂抱住父亲的腿。每当这时，父亲就会站在原地不动，由着儿子绕着他的腿玩耍。等儿子玩够了，父亲才会又开始带着儿子向前走。

一会儿，男孩又开始时不时地在路边坐下，父亲就站到一旁等他。父亲的表情虽然严肃，但却十分自然。他的表情好像在说，他并没有觉得这样做有什么与众不同，他只是一个普通的父亲，在带着儿子散步。

这种散步方式是最适合儿童的散步方式。

父母满怀欣慰地看着孩子迈出第一步——这一步意味着儿童征服了自己。这对儿童来说就像是一次重生，这通常发生在儿童1～2岁。这时，儿童从一个消极被动的人变成了一个积极主动的人。

显然，我们不能整天抱着孩子四处走，而要让他们自己去走。当他们的手想要做什么事情了，我们就应当给他们提供一些东西，给他们锻炼智力的机会。只有这些小家伙自己的行为才能使他们走上独立的道路。

通过观察，我们发现，对于一个1岁半的儿童来说，还有另一个对四肢发展特别重要的因素，就是力量的因素。具备了一定的技巧后，儿童会感到自己足够强壮了。他要进行一定的练习、实践，从而最大限度地发挥出自己的能力，这跟我们成人是多么不一样啊！

大自然仿佛在告诉儿童："你已经足够敏捷了，而且具有了足够的技能。现在，你一定要变得强壮起来，不然上面这些都没有用处。"

成功迈出第一步是儿童健康发育的一个重要标志。但在第一步之后，儿童仍需要勤加练习。掌握平衡、迈出稳健的步伐是儿童持续努力的结果。

不要给初学走路的儿童设置障碍

父母在观察初学走路的儿童时都会发现，他们仿佛受到了一股无法抑制的神秘力量的驱使，就像一个年轻的士兵那样勇敢无畏，甚至有些草率鲁莽地进行各种尝试，不论遇到什么困难，他们都坚持向前冲。很多父母看到儿童这种不达目的不肯罢休的劲头，不但不觉欣慰反而感到恐慌，他们在儿童的身边布满"防范措施"。比如，在儿童的腿已经发育得强健有力的时候，仍把他们"关"在学步栏、学步车里。实际上，这些措施对儿童来说都是行走的障碍。

外出时，即使儿童已经能够走路了，成人仍把他们放在儿童车里推着走。儿童因为腿短、耐力差，不能走远路，就不得不向那些不肯放慢脚步的成人妥协。儿童需要去适应成人，而不是成人适应儿童。成人以自己的速度径直走向目的地，孩子就像蔬菜或其他物品一样被放在儿童车里，被成人推着走。只有到了公园以后，成人才将孩子从儿童车里放出来，让他们自由地走动。成人则坐在一旁两眼始终盯着他们，以免发生意外。

1.5～2岁的儿童能走很长的路，还能进行爬斜坡、爬梯子等有难度的活动，但是他们走路的目的与成人截然不同。成人走路是为了某种外在的目的，所以他们会以稳健的步伐、有规律的步频径直走向目的地。儿童则与此相反，他们行走是为了完善自己的能力，他们的目的是实现某种充满活力和创造性的内心需求。他们往往走得很慢，步伐没有节奏，也没有目的地。他们会仅仅因为突然被某个东西吸引而朝前走。如果一个成年人想适应儿童，那他必须放弃自己的步伐节奏和目的地。

我在那不勒斯结识了一对夫妇，他们有一个1岁半的孩子。在夏季，夫妻俩带着孩子去了海边。每天他们在从住处去往海边的途中，都要经过大约1英里陡峭的下坡，这里手推车或马车都无法通行。年轻的夫妇遇到了难题，他们发现抱着孩子太累人了，他们无法承担。最后，小孩自己解决了这个问题，自己走完了整个路程。他时而行走，时而奔跑，还不时停下来，站在花丛边，坐在草地上，站着观察一些动物……一次，他站在路边看一头驴，足足看了15分钟。孩子每天都是自己慢慢地走在这条漫长而又陡峭的道路上的，并且从来没有感到疲劳。

有些妈妈认为孩子的这些表现很不正常，其中一位妈妈因为女儿发脾气向我咨询：

女儿几天前开始学走路。不论在什么时候，她只要一看到梯子就会尖叫。如果有人抱她上下楼梯，她的情绪就会立刻变得焦躁不安。这种情况实在是难以理解，只要抱着小孩上下楼梯，小孩就会变得眼泪汪汪、情绪激动。

妈妈担心是不是自己误解了孩子发脾气的原因，女儿的心理紊乱是不是只是一种巧合？

其实，情况很明显，女孩只是想自己爬楼梯。她对楼梯的台阶很感兴趣，她可以把手放在台阶上，或坐在台阶上。对女孩来说，楼梯要比户外的平地有趣得多，在平地上她能看到的只有平坦的草地，也没有放手的地方，而且她只能在户外平地散步。

喜欢行走和到处跑动是儿童的天性。滑梯上总是挤满了儿童，他们爬上爬下、爬来爬去。贫穷家庭的孩子能在马路上跑来跑去，并毫不费力地躲开过往的车辆，甚至还能稳稳地坐在汽车或卡车的窗框上——当然这是非常危险的。他们不会像富家子弟那样，由于羞怯而变得反应迟缓，甚至懒散起来。两种生活状态的儿童，在他们各自的成长过程中都没有得到真正的帮助。贫穷的孩子被扔在了大街上，在这种危险的成人环境中自生自灭；而富人家的孩子却在优裕的环境中，受到了许许多多成人美其名曰为了保护孩子而设置的限制和障碍。

语言敏感期

语言发展的生理基础

在1岁大的时候，儿童就开始有意识地去说话了。这时候，孩子还没有完全摆脱咿呀学语的状态，但他们已经是具有目的性地在说话了。这就说明他们的智慧已经处在有意识的状态中了。儿童的身上究竟发生了什么呢?

中枢神经为生物体提供了一种能力，使其能够调整自己，从而适应外部世界。同时，其他的一些感觉器官，比如，神经、神经中枢、运动肌肉等，也都会在其中发挥重要的作用。但语言机制的存在表明，发挥作用的不只是我们肉眼能够看到的东西。这其中涉及两个区域:

- 感觉中枢：与接收外界的语言有关系。
- 运动中枢：同语言的表述和发音动作有关系。

耳朵接收语言的声音，嘴、喉、鼻子来表达语言。感觉中枢和运动中枢的生理发展与心理发展是分开的。听觉器官和心理上的神秘力量相关。而儿童的语言正是通过这种神秘的力量无意识地发展起来的。

儿童只有先听到身边人说话，之后自己才能够说话。语言器官的运动一定要有他们头脑中的语音信息作为基础。因为语言器官的运动是由人们听到的并且存留在头脑中的声音决定的。语言并不是逻辑推理的产物，而是自然机制的产物。

儿童掌握语言的机制

儿童的语言发展都遵循一个固定的规律。无论儿童在什么地方生活，无论他们所说的语言是简单的还是复杂的，他们都有基本相同的语言发展阶段。现在，依然还有许多很不开化的人说着比较简单的语言，可是讲这种语言的儿童和说难度更大语言的儿童相比，他们的语言发展阶段没有差别。

所有的儿童都要经历这样几个阶段：

- 简单发音的阶段。
- 使用单词阶段。
- 熟练地使用语法和句法的阶段。

儿童可以区别语言中的阴性与阳性、单数与复数、时态与语态、前缀与后缀等。尽管儿童所要说的语言或许会特别复杂，其中有很多特殊的用法，儿童还是可以学习并吸收它们，而且他们说这种语言的发展阶段和非洲儿童是相当的。

当我们去观察不同声音的发音情况，就会发现，它们也是有一定的规律的：

□ 单词的所有音节都是在一定机制的作用下发出来的。有些音节需要鼻子和喉部的配合运动，有些音节需要舌头肌肉和面颊肌肉的协同运动。

□ 身体的每一个部分都要参与这个机制的完善，才能使儿童更好地学习和掌握自己的母语。而成人在其他国家可能连该国语言的发音都听不准，就更不用说去学习了。

□ 成人只能够熟练地运用自己的母语，儿童却可以建立起某种语言机制，并熟练地学习自己听到的语言。

这个过程的开始和完成是在大脑无意识的状态下进行的。当儿童听到一种语言的时候，它就成了儿童的一部分。成人只能够想象出有意识地学习一种语言是什么样子的，我们也只能够有意识地学习语言。可是我们也必须了解另一种形式，那就是自然的机制，或者说是一种超越自然的机制，它跟有意识地学习语言没有关系。我们无法通过肉眼对它进行观察，而它的作用对全人类都是普遍适用的。

整个过程给我们留下了深刻的印象，而让我们印象更深刻的是另外一些细节：

□ 语言的连续性。各种语言的发音都是一代一代传承下来的。

□ 深奥的语言和简单的语言对儿童来说，没有难易区别。所有的儿童都不会觉得学习母语是困难的，这种语言机制将语言当成一个简单的整体，无论它是深奥的，还是简单的。

儿童学习语言的动力

随着成长，儿童的潜意识慢慢地觉醒，而且会突然在一夜之间就爆发出来。

儿童开始意识到语言同他身边的事物是相关的。他越来越希望掌握语言，也越来越有意识地掌握语言。这就在儿童的身体内部引发了一场冲突，这场冲突就是冲破无意识，从而逐渐达到有意识。

很多时候，儿童可能会有很多的想法，希望能与别人沟通和交流，但是因为语言贫乏而不能达到目的。他们会因为这种无能为力的状态而感觉非常沮丧，于是他们在潜意识里开始加紧学习语言，而他们取得的成就是令人惊讶的。

但是人们还没有充分认识到一两岁的孩子将会遇到的困难，也还没有意识到为他们提供学习正规语言的机会是非常重要的。我们应当知道，儿童是自发地进行语法知识学习的，可这并不是说我们就可以不遵循语法规则地同他们进行对话，我们应该帮助儿童去正确地组织好语言。

在婴儿出生之后，1～2岁时，“在家里向他们提供帮助的人”应当科学地认识语言的发展。我们同自然规律一起为儿童提供帮助，做儿童的服务者、合作者。我们可以发现，儿童以自身的规律进行着整个学习的过程。

如果别人完全听不懂我在说什么，会怎么样呢？或许我要大发脾气。一两岁的儿童也会出现这样的情况。

当儿童只能用一两个单词向我们表达一件事情时，我们可能没有弄懂他们的意思，那么他们就要发脾气了。遇到这样的情况我们往往要说：“看，原来人天生就是爱发脾气的。”这个还不会说话的小家伙会尽力让我们听明白。而他还不能够说话，于是他只能表示愤怒。

当然，儿童具有建立语言的能力，他会发怒是因为他虽然努力尝试，但一时之间还达不到那个程度。然而，谁也阻挡不了他向前发展的脚步，他将逐渐学会怎样运用语言。

1岁半左右的时候，儿童又会有新的发现——每个东西都有自己的名称。换句话来说，他能够从听到的各种单词中找到名词，特别是具体的名词。这是一个非常大的进步！他知道了每种东西都相应地有一个特定的词语来表示。当然，我们不可能只用名词进行表达。最初，儿童只能够用名词来表达自己的思想。心理学家特别关注儿童所用的这些名词。他们把这些词叫作“一个词的句子”。比如，儿童可能常常用“Mupper”来表示“妈妈（Mummie），我想吃饭”。

这种压缩了的句子有个典型的特征，就是单词本身的形态被改变了。儿童常常会说出一些短小的拟声词，比如，用“汪汪”来模仿狗的叫声等，我们把这些叫作“儿语”。可是我们现在对儿语的研究还很不足，这值得我们进行深入的研究。

语言并不是儿童在这个年龄阶段唯一形成的东西，同一时期形成的还有条理感。条理感的存在不是暂时的，它是符合儿童需要的。在经历心理形成的时期时，儿童总是要把心中一些混乱的东西整理得更加有序。

在无助的时候，儿童往往会非常苦恼，如果我们可以理解他们所说的话，将对缓解他们的苦恼产生多大的帮助啊！

一个西班牙儿童总是把西班牙语的大衣“abrigo”这个词说成“go”，而将肩膀“espalda”说成是“palda”。

某种心理上的冲突使儿童说出“go”和“palda”这两个词，由此带来的结果常常会把儿童弄得大喊大叫。

我要再一次强调，不论是孩子的母亲还是整个社会，都不可以将孩子隔离起来。我们要让他们有尽量多的机会跟成人接触，而且经常可以听到发音正确、表述准确的谈话。

内部秩序敏感期

儿童的秩序敏感

儿童要经历一个非常重要而神秘的时期。在这个时期，他们对秩序极其敏感。这段秩序敏感期从儿童出生后第一年就会出现，并一直持续到2岁。可能很多父母会觉得这个观点很奇怪，因为在我们的认识中，儿童的一个特点就是没有秩序感。

儿童生活的环境是一个充斥着各种东西的封闭环境。当我们成人出于各种原因而时常移动和调整这些东西时，处于秩序敏感期的儿童是根本无法理解的，他们也无法对这些复杂的行为进行判断。如果儿童过了秩序敏感期，他们所感知到的这些混乱就可能会成为其发展的一个障碍和心理紊乱的一个原因。

婴儿的心灵是神秘的，照料他们的成人并不了解婴儿的内心。想一想，有多少次，孩子毫无原因地哭泣起来，并拒绝我们给予他的所有安抚——这些都让我们不得不意识到，孩子其实有某些神秘的、未知的需要必须得到满足。

儿童对秩序的敏感在其出生后第一个月就已经表现出来了。当孩子看到一些东西放在“恰当”的位置时，他们就会感到兴奋和高兴。关于这一点，我可以举一个例子：

有一位保姆注意到，她照料的女婴居然对一面古代墙壁产生了非同寻常的兴趣，尽管这个女婴只有5个月大，而且她家的院子里遍地都是美丽的花朵。当女婴看到那面灰色的、大理石建构的古代墙壁时，就表现得很高兴、很感兴趣。于是，这位保姆每天都得把婴儿车停在这座墙的前面。这给女婴带来了持久的快乐。

爱发脾气可能是秩序敏感所致

儿童的这种敏感性在其遇到阻碍的时候会表现得更加明显。在大多数情况下，儿童发脾气很可能就是由于这种敏感性引起的。我可以列举一些这样的例子：

一天，一个6个月大的小女孩待在一个房间里，一位女士走了进去，并把遮阳伞放在了桌子上。小女孩开始变得不安起来，她对着那把伞看了好一会儿，然后开始大哭起来。那位女士以为她要那把伞，就拿起伞，微笑着送到她面前。但小女孩把伞推到了一边，继续哭着。那位女士试着安抚小女孩，但毫无用处，她变得更加焦躁不安。

怎样做才能让女孩不再哭闹呢？

正当这时，富有心理洞察力的妈妈把伞从桌子上拿走，放到了另一间屋子里，小女孩立刻安静了下来。原来，使她感到不安的原因是那位女士把伞放在了桌子上，这件放错了地方的东西严重地打乱了孩子对物品摆放秩序的记忆。

同样的情况还发生在一个年龄稍大一些的孩子身上：

一次，我和一队旅行者一起穿过那不勒斯的一个隧道。队中有一位年轻女士带着一个1岁半的孩子。

过了一段时间，小孩累得走不动了，妈妈把他抱了起来，继续行走。妈妈走得又热又累，她停了下来，脱掉外衣，并把衣服搭在了手臂上。在减轻负担后，她再次把小孩抱起来。但这时孩子开始哭起来，而且哭声越来越大。妈妈想尽办法希望能使孩子安静下来，但毫无作用。她已经累得精疲力竭，并且变得不安起来。同行的游客也为他们母子二人担心起来，给了妈妈一些帮助。他们不时换人抱这个孩子，但孩子却变得更加不安了，所有的人都称赞他、鼓励他，但这却使情况变得越来越糟。妈妈没有办法了，只得选择把孩子带回去。但就在这个时候，孩子已经开始变得歇斯底里了，似乎到了绝望的境地。

这时，我走到这位妈妈的面前，对她说："我帮您把外套穿上好吗？"她满脸惊讶地看着我，因为她仍然很热。她显得很疑惑，但仍然接受了我的建议。小孩子立即平静了下来。他的眼泪和不安消失了，并不停地说："衣服……肩膀……"孩子的意思是"你的衣服在你的身上了"。是的，妈妈应该把衣服穿在身上。男孩露出了"你终于理解我了"的笑容，向妈妈伸出了双臂。

之后我们穿过了隧道，完成了旅行，在这期间，这对母子再没遇到其他的麻烦。

衣服是用来穿在身上的，而不应像一块破布似的搭在手臂上——孩子在妈妈身上看到的秩序错乱是引起这场麻烦的原因。

还有一个我曾经目睹过的家庭场景：

妈妈感到身体不适，就躺在椅子上，背下垫了两个枕头。她年仅20个月的女儿走到妈妈面前，要求她讲个故事。妈妈怎么能忍心拒绝女儿的要求呢？虽然她感到不舒服，还是讲起了故事，小女孩全神贯注地听着，但妈妈疼得无法再继续讲下去了，于是她叫来仆人将自己扶到卧室的床上，此时那个还留在妈妈椅子旁的小女孩开始哭泣起来。于是，家人理所当然地认为女孩是为妈妈的病痛而哭，都尽力去安抚她。当女仆把枕头从椅子上拿走送到卧室里时，小女孩居然大喊大叫起来："不……枕头……不……"她似乎想说："至少留一些东西在这儿。"

这时，家人哄着小女孩，把她带到了妈妈的床边。妈妈尽管很痛苦，仍硬撑着继续讲故事，以为这样就可以安慰女儿。但小女孩仍然抽泣着，泪流满面地说："妈妈，椅子！"她想用这种方法告诉妈妈应该坐在那把椅子上。

小女孩对故事已经不再感兴趣了，妈妈和枕头都改变了原来的位置。故事的开头是在一个房间，结尾却跑到了另一个房间，这一切都在小女孩的心里产生了剧烈的冲突。

这些例子都表明，儿童的秩序敏感是如此强烈。而更令人感到惊讶的是，这种本能在儿童很小的时候就表现出来了。

所有事实都表明，敏感性是大自然赋予儿童的天性，是一种内在的感觉，它不仅能区分物体本身，也能区分物体之间的关系。这种敏感性使外界环境变成一个整体，使环境的各个部分相互依赖。如果我们能够适应这种环境，就可以指引自己的行动去达到我们特定的目的；如果我们的头脑中只有不同的图像，而这些图像又是杂乱无章的，那这些对我们来说又有什么用处呢？这种情况就像是在一间屋子里面摆放家具。一个人如果不懂得家具摆放的秩序，那他的生活也一定是一团乱麻。

人们正是在童年时期学会了怎样在将来的生活中指挥和引导自己。在敏感期里，大自然赋予人们的第一个本能是与秩序有关的敏感性，这就像大自然给了人类一个指南针，让人类学会去适应世界。自然也赋予了儿童像成人那样说话的能力。人的智力不是从天而降的，而是建立在敏感期的基础上的。

内在秩序敏感

儿童具有两种秩序感：一种是外部秩序感，这种秩序感与儿童所在的环境的体验有关；还有一种是内部秩序感，它能使儿童意识到自己身体的不同部位及其相对位置。

儿童的行为活动表明，远在他们能自由运动和获得经验之前，他们就已经对身体的各种姿势具有了高度的敏感。也就是说，这种敏感性是一种自然赋予的力量，使儿童能够感受到自己身体的各种姿势和位置。

敏感性是一种洞察力和本能，它们为意识的形成打下了基础。敏感性也是一种自然形成的能量，并会成为人们心理发展的基本规则。所以，是自然为我们人类的发展提供了可能性和有意识的经验。如果儿童所处的环境阻碍了其敏感性的正常发展，就会出现诸如极度焦躁不安、发脾气、疾病等表现。这些表现也恰恰从反面证明了敏感性的存在。如果儿童所处的环境中依然存在这些阻碍因素，他们的病症将无法被治愈。不过，只要有害的情况得以改善，他们的异常表现也会随之消失——这清楚地说明了造成孩子病症的原因。

这里有一个有趣的例子可以说明这一问题：

一位英国保姆需要离开家一段时间，她找了个能干的保姆顶替她干几天活儿，但是这个顶替的保姆在给孩子洗澡时遇到了很大的难题，因为不论什么时候，只要她一给孩子洗澡，孩子就会大声哭泣，在她怀里挣扎，并试图推开她逃跑。这位保姆尽其所能，希望孩子能接受自己，但还是被拒绝。当原来的保姆回来后，孩子马上恢复了平静，并且明显地喜欢洗澡了。

这位英国保姆曾在我们的学校里受过训练，并对儿童产生厌恶心理的原因很感兴趣。她开始耐心地观察孩子的这种表现。她发现了孩子把第二个保姆当成了坏人，但为什么呢？她与这位保姆比较了她们给孩子洗澡的动作，发现了其中的差异：她们是用相反的动作给小孩洗澡的，她是右手靠近孩子的头，左手靠近他的脚；第二个保姆则恰好与她相反。

我还想起了一个例子，情况更加严重，因为出现了无法诊断的病症。我碰巧参与了这件事，尽管我没有以医生的身份介入，但仍然提供了帮助。

一个还不到1岁半的孩子，遭受着病痛的折磨。他的父母告诉我，他们刚刚结束一次长途旅行，小孩生病只是由于年龄小，无法承受旅途的劳累。他们一再强调，旅行中并没有发生什么特别的事情，每天晚上他们都睡在一流的旅馆里，那里有专为婴儿准备的带栏杆的儿童床和特殊的食物。他们一家人回来后一直住在宽敞的公寓里，因为没有婴儿床，孩子和妈妈一起睡在一张大床上。

孩子的最初病症是失眠和反胃。晚上必须把他抱在怀里，他才能入睡。父母以为孩子的哭闹是由胃痛引起的，于是请来了儿科医生检查孩子的病情，医生提出了饮食建议、日光浴、散步及其他治疗方法，但都毫无成效。夜晚成了全家人的噩梦。这个小孩后来开始痉挛，每天要发作两三次，他可怜地抽搐着，在床上不停地打滚。于是，他的父母又请了一位著名的儿童神经疾病专家。这时，我也参与了进来。据他父母讲，这个小孩以前身体一向很好，在漫长的旅途中也一直很健康，他目前的失调可能是由于某种精神紊乱引起的。

当我看到这个孩子一个人躺在大床上遭受着病痛的折磨时，我突然受到启发。我拿起两个枕头，把它们平行摆好，看起来就像旅馆里带栏杆的小床上的垂直的护栏。然后，我没说任何话，把床单和毯子盖上去，将这张临时搭成的“小床”挪到了孩子的身边。小家伙看着它，停止了哭泣，滚着滚着就滚到了“小床”里面，并呢喃着“卡玛、卡玛”——他用这个词来称呼摇篮，并且很快睡着了。

孩子的病就此好了，再也没有复发过。

很明显，睡在大床上的孩子失去了床栏杆所带给他的支撑感。没有了这种支撑，孩子感觉到了一种内在的失调和痛苦。这种情况看起来好像无法治愈。这个男孩的反应说明了敏感期的力量，在这段时期，大自然正在发挥着创造性的作用。

儿童的秩序感与成人是不同的，经验使成人变得麻木，但儿童正处于感知外界的过程中，他们是单纯的。他们由一无所知到不断地体验成长的艰辛，而我们成人就像一个白手起家的富翁的儿子，我们无法理解孩子处于白手起家阶段所承受的劳苦和艰辛。我们由于已取得的经验和地位而变得冷漠而麻木。要知道我们现在之所以能运用理智、意志、肌肉，正是因为我们也经历过童年，经历过成长的艰辛。我们现在之所以能适应这个世界，也是因为这个原因。成人之所以富有经验，是因为成人是从儿童成长起来的，由小到大，从无到有，儿童时期为成年后的生活打下了基础。儿童从一无所知到理解生活，必须付出巨大的努力。

儿童生长发育的所有表现是如此接近生活的真谛，即“为行动而行动”。这是一种创造的方式，我们既不了解这种方式，也回忆不起来了。

模仿敏感期

1岁半儿童的模仿

儿童1岁半的时期是一个令人感兴趣的年龄段，这是教育上一个关键的转折点。在这一时期，儿童的上下肢开始为了进一步的协调做准备，他们的个性也开始发展，为了迎接随后到来的2岁的“语言爆发期”，他们开始努力表达自己的思想。总之，这是一个不断努力、具有建设性意义的特殊时期。

我们一定要格外注意，在这个时期，不要打乱儿童生命的自然发展规律。如果自然突出地表明儿童在这段时间需要不断的努力，那么我们就应该为提供帮助而做好准备。

我们普遍认为，成人一定要为儿童做出好榜样，榜样一定要具备良好的品质。由此我们强调成人的重要性，尤其是老师和母亲的作用。

可是，大自然并不遵循这样的逻辑，儿童的模仿跟成人的完美没有关系。成人的责任是在儿童开始模仿之前，为他们做好准备。它源于儿童进行的各种努力。这个道理适合于每一个人。成人所树立的榜样不一定会有良好的作用，它只能给儿童创造一个模仿的对象和动力。

事实是，儿童在模仿的时候一般会超过他们的榜样，比榜样做得更好、更精确。在某些方面的行为上，这一理论体现得非常明显。正如人们所了解的那样，要想实现成为钢琴家的梦想，儿童不仅要学会弹钢琴，还一定要反复练习，锻炼手指的各种技巧。但我们却总是让他们用单纯模仿的方法去达到更高的水平。我们总是给儿童讲各种英雄和圣人的故事，希望能通过这样的方式让他们也成为英雄和圣人。但是，在没有做好更深层的心理准备时，这是无法实现的。只会模仿，不可能成为真正的伟人。榜样的作用在于点燃希望和兴趣的火花。模仿的渴望或许能带来学习的动力，而要达到更高的层次，没有大量的训练是行不通的。

从教育的角度来看，模仿需要一定的准备。对此，儿童开始付出的努力是为了获得一种能够模仿的能力。这种间接的准备工作极为关键。大自然不仅赋予了我们模仿的能力，也给了我们不断改变自己、逐步向榜样靠近的能力。如果教育工作者想帮助儿童实现这个目标，就应该了解自己应该向儿童提供多大程度的帮助。

示范和讲解

教孩子洗东西、摆桌子等简单家务或重复性的活动时，可以采用这样的方法。一开始，先由老师带领孩子们一起进行，用正确的动作和方法教孩子们如何去做，老师可以边示范边讲解，也可以不说话只做动作示范。老师要教孩子所有动作：

- 如何站立。
- 如何坐下。
- 如何拿取物品。

- 如何礼貌地将物品递给他人。
- 如何能不发出一点儿声音就将碟子摆放好，等等。

孩子很轻松就能学会，并很乐意去做这些事情。老师可以安排孩子轮流去做洗碗、上菜、打扫等家务劳动。用不着要求孩子，孩子会很愿意遵守这样的轮流制度，并自觉地承担需要完成的工作，哪怕只有2岁半的孩子也不例外。我们经常看到孩子在工作时会努力回忆、模仿老师的动作，并克服困难完成工作。纽约的雅各比教授曾跟我讲过这样一件事：

有一个2岁大的、看起来并不是特别聪明的孩子坐在餐桌前，因不知道到底是右手拿叉还是左手拿叉而为难不已。孩子就这样坐着想了很长时间，看得出他在动用自己的全部脑细胞来思考这件事。一些大孩子用钦佩的眼光看着他在那儿思考。

雅各比教授被深深感动了，就像我们一样，被眼前看到的这幕逐渐展开的生命成长过程所折服、所惊叹。

孩子的发展与成长只能由孩子自己完成，老师的授课只是一种帮助、一种提示，是给孩子的成长道路开启一个良好的开端。

不能让孩子一味地有样学样

除了上述问题以外，我们还发现了另一种弊病——被动模仿。孩子一味地有样学样，这与其说是一种自我完善成长的方式，还不如说是走向“堕落”的捷径。因为成长是一种自我的内在工作，光看别人怎么做是无法实现成长的。孩子内心的期望被压抑，就如同深埋在地下的宝矿一样，被永远地掩藏了起来，他们也永远无法知道这些期望的真正价值。由于它们永远无法实现，也不曾有机会被掌控，而且时时存在于孩子心头，因此会一点点地吸引住孩子，并不断地诱惑着他们。

由于成人压制了孩子的自然冲动，孩子做正确事情和发挥正常精力的能力也因此受到了妨碍。换句话说就是，在遵循自然法则发展的道路上，成人成了孩子的一块绊脚石。在学习上，孩子也因此走了很多的冤枉路，深陷大量的、毫无意义的学习用品和玩具里，在其中打转。孩子原本具有的克服困难的能力，也在不知不觉中受到影响。孩子只好接受自己的命运，顺从成人的指挥。所有的事情在孩子眼中都变得索然无味了。

这些孩子在童年原本都拥有一对翅膀，但在他们振动翅膀准备飞翔时，他们的“翅膀”却被生生地折断了。孩子一旦接触不到自己感兴趣的事物，他们的想象力就会失去自觉性，只能在物质世界里漫无目的地找寻。由于缺乏现实体验，孩子离真实的世界会越来越遥远，他们的生活也会变得偏离正轨，最后只能陷入毫无益处的神游之中。

孩子通过“淘气”来反抗

孩子为了保护自己，他们弱小的灵魂仍然会不停地进行抗争。然而他们只能用躁动、任性、哭闹、发脾气、使性子等消极的方式来表达。孩子故意淘气实际上是他们表达愤怒和反抗的另一种形式。这时，孩子消耗掉的不是正常的精力，而是在缺乏想象力时表现出的令人生气的恶言恶行。

此外，这些让人无能为力、疲于管教的“小淘气”，还有可能成为其他孩子模仿的对象。而成人对付这些孩子的办法，就像对付那些无视律法闯入“圣地”的敌人一样。

孩子在和成人的对立冲突中，他们的神经系统首先会受到伤害。现在，很多医生已经开始认识到，孩子情绪失调的首要原因，就是他们在婴儿期曾受到的压抑。孩子在婴儿时代的一些早期表现，如失眠、做噩梦、消化不良、口吃等，大多是由情绪失调引起的。

在孩子出现这些不良反应后，父母会尽心尽力地帮助孩子调整情绪，改善他们性格上的欠缺之处。尽管父母为治疗孩子的疾病竭尽全力，但是要知道，孩子的这些问题其实都是父母造成的。

之所以会造成如此严重的后果，是因为家长错误地将对孩子的压迫视为爱的表现，忽略了孩子的真正需要。

我们一定要解放孩子受压抑的精神，让他们重获自由！只有这样，才能使孩子由此患上的各种病症奇迹般地消失。而剩下的那些没有治愈的疾病，则完全可能是由先天因素引起的。人性的弱点之一就是人们总觉得需要一个权威来告诉自己如何做才是正确的，指引自己走入正途。

当我们克服了上面这些困难后，也要避免走入另一个极端。虽然新一代的父母能够做到让纯洁天真的孩子自由地发展，但是父母千万不能将教育的自由偏颇地理解成放纵孩子。如果父母有这种错误的认识，将会使孩子觉得受到忽视，绝大多数孩子都会因此而产生情绪上的问题。在这里，我无意制定新的原则，只是想归纳出一些结论。但是，在应用这些结论之前，我们必须认真思考孩子身上发生的问题究竟是什么，然后再斟酌该怎样做，这样才能够真正满足孩子心理上的需求。

第四章 2～3岁儿童的敏感期

语言思维敏感期

语言的爆发式发展

儿童这种吸收和学习语言的过程让我想到了一个跟它类似的现象。

如果我们需要一些东西的图片，我们可以动手用笔和水彩来画，也可以去拍照。通过照相机，图片将记录在感光底片上，而记录1个人和记录10个人的道理是一样的，都在瞬间完成。就算是要记录1000个人，也跟记录1个人没有什么区别。无论其中的化学反应是简单的还是复杂的，它都是在很短的时间里完成的。而对我们来说，亲手画一幅人像却要花很长时间，而且画的人越多，需要的时间就越长。

不仅是这样，照片的影像是在完全黑暗的条件下留在底片上的。语言的发展过程也可以说是在“黑暗”中完成的。语言在不知不觉中有了定型，而且一经定型就不能再改变了。

儿童语言学习的心理机制在大脑完全没有意识的状态下开始。发展完成之后，它就成了大脑的一部分。显然，是某种机制促使了这种现象的发生。

■ 从内部来讲：2岁的儿童进行着大量的工作，可是我们肉眼能够看见的变化或许会非常小。我们会发现，可以看出来的进展不是慢慢发生的，而是通过跳跃的方式呈现的。比如，音节发音的能力可能在某个时间突然出现，然后这种能力将持续几个月没有什么进展。

□ 从外部的表现来看：儿童没有什么进展，可是我们又会突然发现儿童能说出单个的词了。之后的一段时间里，他又只能说一两个单词，进展好像又缓慢下来了。而其他的活动形式表明，儿童内部正在发生着稳定而显著的变化。

儿童学习语言的时候不是一字一句地慢慢进行，而是会有“爆发现象”。儿童常常在某个时期就突然可以准确地说出许多单词了。一个儿童可能3个月之前还什么都不会说，3个月之后就可以很清楚地说出各种各样的名词、前后缀和动词了。对于每一个儿童来说，这都发生在他满2岁的时候。

通过观察儿童的这种现象，我们可能会获得一种信心，而且获得足够的耐心去等待。在停滞的时候我们期待着发展，这种停滞可能只是一种表象，将来也许会有一些意想不到的事情突然发生。

这种爆发式的语言发展现象会一直持续到儿童2岁的时候。这时，儿童已经可以使用复杂的句子，可以使用不同时态和语态的动词，甚至一些连词。特别令人意外的是，他们也已经可以使用长句和分句了。这时候，儿童已经建立起了自己的种族和社会阶段特有的心理结构与语言表达机制，而这种能力也同时由无意识的状态过渡到了一种有意识的状态。自此，完全具有了语言能力的儿童已经可以开始不停地说话了。

2岁是人类心理类型的一道分水岭。儿童2岁的时候，一个语言组织时期开始了。语言在这个时期还要继续地发展，但发展的方式则不是那种爆发式的了，而是鲜活而又自然的。这个阶段一直要发展到儿童5～6岁，在这个时期，儿童学习了很多新单词，而且逐渐完善了自己使用的句型。

当然，假如儿童只在生活环境里接受很少的词汇，而且发音是当地的方言，儿童也会去学习。可是如果儿童生活在其他的一些有文化的环境之中，人们的词汇量特别大，他也会一步步发展到这个水平。环境是极其重要的，可是无论环境怎样，儿童的语言都会在这个时期变得特别丰富。比利时的一些心理学家发现：一个2岁半的儿童具有两三百的词汇量，而到了6岁的时候他已经可以使用上千个词汇了。而这些都是在没有教育者教授的情况下完成的。这是一个自然吸收的过程。我们成人则在他们做完了这些工作以后做出了一个看起来好像很重大的决定，把孩子们送到了学校，让他们开始在那里学习字母表！

我们一定要注意常常紧密联系在一起的两个发展方向：

- 一个是学习语言过程中的无意识活动。
- 一个是此后的有意识过程。

语言学习的规律

语言已经烙在了人们的潜意识中。生物体内发生了什么，我们并不知道，但是发生在它外部的一些事情可以给我们一些提示。首先在婴儿的潜意识里打下烙印的是单个的音符，这是语言的基本部分，我们可能会把它叫作字母，然后是音节，之后才是单词。

最初，儿童说这些东西时或许根本不懂得它的意思，孩子在读他的初级课本时就会出现这样的情形。然而这个过程有一个精巧之处，儿童的身体里仿佛存在着一个古板的教师，他们教给儿童字母，然后再教音节，之后是单词。这个存在于儿童身体内部的教师往往选择很恰当的时机去教儿童。

儿童循序渐进地遵循着语言学习的方式：

学习发音

学习音节

学习单词

学习语法

儿童要学习事物的名称。自然的教育方式同我们预期的完全一样。自然就是一位教师，儿童在它的指导下进行着成人认为很没意思的语言学习。但是他们对此表现出了极大的兴趣，这种状态将一直持续到3～5岁，直到儿童的下一个发展时期到来。

自然使儿童学会了名词、形容词、连词、副词，还有动词不定式、名词格、前缀、后缀以及各种各样的特殊用法。这个过程就如同在学校里进行学习一样。

通过对儿童的检验，我们会发现，儿童已经可以熟练地运用语言了。到了那个时候，我们才发现，有一位非常好的教师在儿童的体内。当然，儿童也是非常勤奋的学生，他们能把语言学得特别好。没有人会去怀疑儿童的这些成绩，当我们把孩子送到学校的时候，他们所学到的东西会让我们都感到自豪。作为长辈，我们不应该只看到孩子身上那些所谓的缺点，如果我们爱孩子，我们就应当为他们取得的成绩而高兴。

对语言发展的分析

我觉得，对儿童心理具有的某种感知能力的典型形态进行说明，会有助于阐述儿童潜在能力的观点。我们将用心理分析的方式对儿童的大脑进行分析。图3中，我用符号描述了儿童语言的发展。

图中黑三角代表的是名词（事物的名称），黑圆圈代表的是动词，图形组合代表句法。

假设现在处于某个年龄段的儿童可以使用200～300个词汇，这种图示的方式可以让我们具有更直观的感觉，通过这种方式我们能够清楚地看到语言的发展过程。

- 图的最左边是婴儿开始在说话方面做出的努力，包括一些叹词等。
- 之后是将两种音素组成一个音节的阶段。
- 再之后是由多个音素组成句子的阶段。
- 再往后，到图的右边，我们能看到各种不同词汇的组合。

词汇包括儿童常用的一些名词，随后是两个单词组成的短语。短语有各种不同的意思，每个短语有不一样的解释。在这之后不久就到了词汇量的激增时期，这时候儿童已经可以使用各种新词汇了。

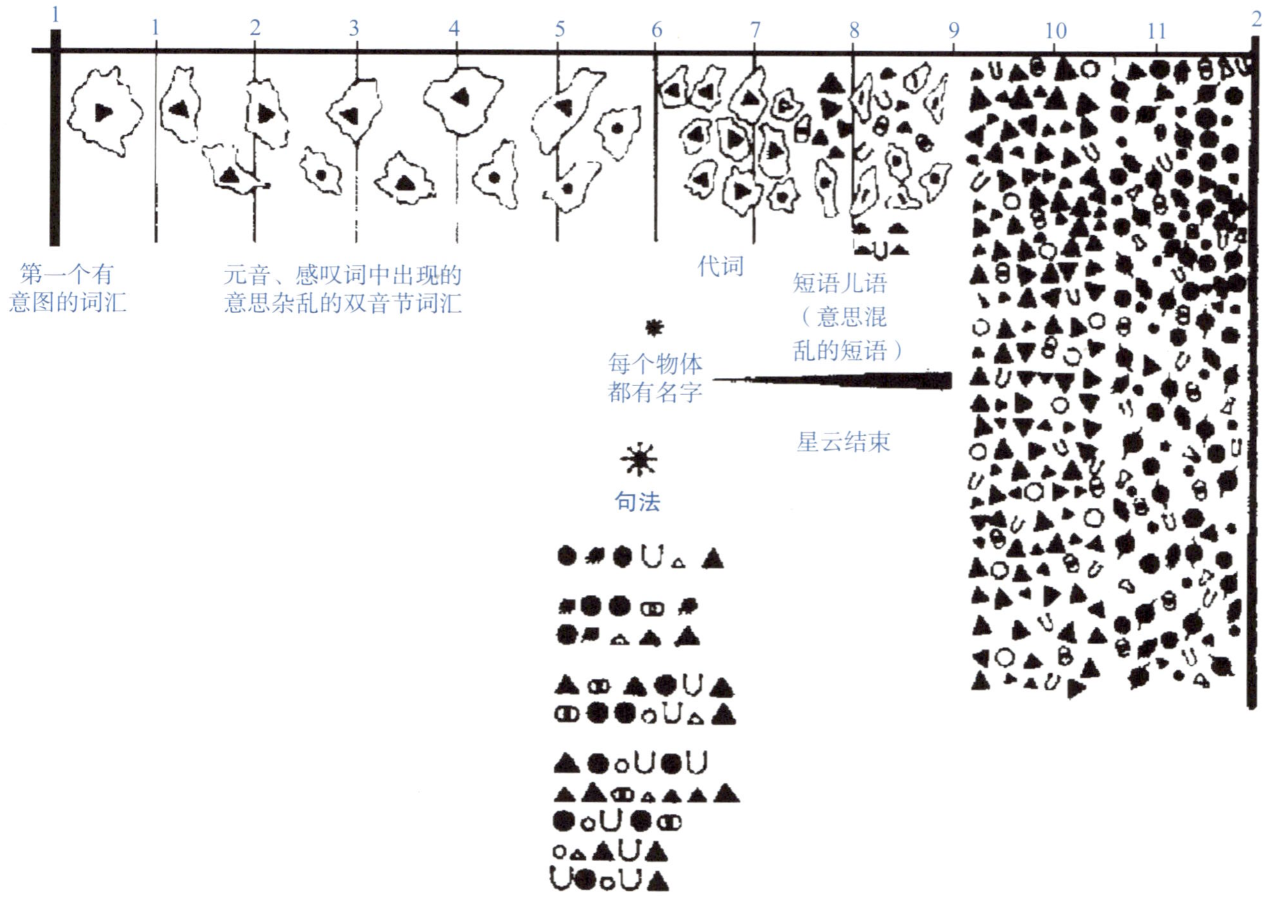
1
1
2
3
4
5
6
7
8
9
10
11
2
第一个有
意图的词汇
元音、感叹词中出现的
意思杂乱的双音节词汇
代词
短语儿语
（意思混
乱的短语）
每个物体
都有名字
星云结束
句法

图3　儿童语言的发展

此前，我们在图中可以看到一组单词，它们大多数由名词组成，靠近这些名词的其他词类的排列是无序的。可是在2岁过后不久的阶段，是一个有序排列词汇的时期。这个时期是儿童使用句子的爆发时期。

其中有两个爆发阶段（参见第91页，图1）：

- 词汇的爆发阶段。
- 思想的爆发阶段。

而在这些爆发产生之前，必然有一个准备的阶段。对于我们来说，这个准备阶段是不能用肉眼看见的，可是我们也不用通过猜测和假设去了解它的存在，因为我们可以看见儿童为表达思想进行的努力。这一时期，因为成人听不懂儿童所说的话，儿童常常会表现得容易发怒，爱发脾气成了儿童生活的一部分。儿童做出种种努力，可别人还是听不懂他们的时候，他们一定会发怒。我们知道聋人就特别喜欢同别人争吵，这也是因为别人不能够听懂他们的语言。

在儿童的体内有很大的潜能，它正等待着发挥。一个正常的儿童必然能找到发挥的渠道，可是要进行很大的努力。

外部秩序敏感期

一个2岁左右的儿童对秩序的敏感，是通过一种悄无声息的方式表现出来的。这种敏感性成为这一阶段儿童行动的指南。

儿童对秩序的敏感表现也是我们的学校里一种最有趣的现象：当一件物品放错位置时，孩子会最早发现，并把它放回原处。而且，正是2岁左右的孩子会注意到这些最细微的不协调，而成人和更大一点儿的孩子却不会注意到这一点。例如，如果一块肥皂躺在洗漱台上而没有放在肥皂盒里，一把椅子放在不恰当的地方，等等，一个2岁的孩子会突然注意到它们，并把它们放回原处。

儿童的秩序敏感性，使他们在看到某些东西处于无序状态时，就像受到了某种刺激，收到了行动的指令。但这种敏感性所具有的意义却不仅如此，秩序感是一种心灵的需要，当它得到满足时，还会为儿童带来快乐。事实上，在我们的学校里，年龄稍大些的三四岁的孩子做完练习后，也会把东西放回到过去人们习惯放置的地方，这是他们最乐意做的事情之一。从小获得的秩序感使他们注意到每样物品在环境中所处的位置，他们记住了每件东西的位置。这其实也是一个人能够适应环境，能够在所有的细节方面支配环境的表现。一个人能闭着眼睛到处走，伸伸手就能拿到自己想要的任何东西，这样的环境才能使他感到平静和快乐，心灵才能与环境相协调。

显然，儿童对秩序的热爱是与成人不同的。秩序带给成人的是某种外在的快乐，但对儿童而言就完全不同了，儿童对秩序的需要就像鱼儿离不开水一样。儿童从出生开始，就要在自己将来所要支配的环境中找到适应的原则。因为儿童是由他们所处的环境塑造的，引导他们的原则应该是精确的、确定不移的，而不能仅是一些含糊的、建设性的模式。

从年龄很小的孩子们做的游戏中我们可以看出来，秩序会产生一种自然的快乐。这些缺乏逻辑的游戏曾经使我们非常吃惊，但游戏也为孩子带来了极大的也是唯一的乐趣：使孩子在安放物品的地方找到它们。

在对孩子的游戏进行详细介绍之前，我想先提一下日内瓦的皮亚杰[1]教授对他的儿子进行的一项实验：

教授在一个椅垫下藏了一个东西，然后他请儿子离开这间屋子，又把这个东西拿出来，藏在对面的椅垫下。教授希望，当儿子在一个椅垫下寻找东西找不到时，会到另一个椅垫下寻找。但是，当儿子回到房间后，他所做的就是掀起之前那把椅子的垫子去寻找，然后用自己不完善的表达方式说："没了。"他并没有努力去其他地方寻找那件东西。

然后，教授重复了这项实验，他让儿子亲眼看到他从一个垫子底下拿出那件东西，并把它放在另一个垫子底下。但是孩子还是像以前一样只翻开了第一个椅垫寻找，又说："没了。"

皮亚杰教授据此得出结论：他的儿子有点儿傻。他不耐烦地掀起第二个椅垫对儿子说："你没看见我把东西放在这里吗？"

1　皮亚杰（1896—1980），瑞士人，近代著名儿童心理学家。创立日内瓦学派，他的认知发展理论成为心理学典范。

这个小家伙的回答是："我看到了。"而后他指着第一把椅子说："但它应该在那里。"

由此我们可以看出，让儿童感兴趣的并不是找到东西，而是在它该出现的地方找到它。显而易见，孩子认为不理解这个游戏的是父亲，如果东西不是放在它该在的地方，那这个游戏的趣味何在呢？

我曾亲眼看到两三岁的孩子所玩的一种捉迷藏的游戏，这个游戏让我惊讶不已，而孩子却玩得很高兴、很激动，对于自己所玩的游戏充满了渴望。他们玩的是一个怎样的游戏呢？

一个孩子爬到一张盖着桌布的桌子下面，桌布垂到地面。其他的孩子看着他爬进去后就走出房间，然后再返回来掀起桌布。当他们看到桌子底下的伙伴时，就会高兴得大嚷大叫。这些孩子一遍又一遍地重复着这个游戏。他们依次说："现在，换我来藏。"然后爬到桌子底下。

有一次，我看到几个年龄稍大的孩子和一个年龄稍小的孩子玩捉迷藏游戏。这个小孩子藏在一件家具后面，几个大孩子进来，假装没有看到他，他们找遍了房间里其余的地方。他们认为这样做会使那个小孩子更高兴。但是，小孩子却突然叫起来："我在这儿呢！"他的语调就像在说："你们难道没有看见我在这里吗？"

有一天，我站在一旁看孩子们又在做这个游戏。我看到这群孩子因为找到了门后的同伴，高兴地叫嚷着、拍着手。他们走到我跟前说："你为什么不和我们一起玩？为什么不藏起来？"

如果游戏的目的是给孩子带来快乐，那我必须承认，这种游戏在儿童生命中的某一个时期确实圆满地起到了它的作用。对于这个年龄段的孩子来说，“躲藏”就是在某个隐藏的地方放置和找到那个东西。正如他们自己所说的：“你们无法看到它，但是我知道它在哪儿，闭着眼睛我也能找到它。”

工作的本能

如果儿童进行的运动中没有什么智力的内涵，也没有人对他们的运动进行适当的指导，那么，儿童在运动中就会感到厌倦。一些简单的生产性工作非常适合儿童，通过这些，他们可以进行自我训练，进而学着协调自己的动作。儿童不断地从较低的阶段向较高的阶段发展，他们的每一分钟都很宝贵。由于儿童在不断地成长，他们只会对有益于他们发展的活动着迷，而对悠闲的工作不感兴趣。

运动神经的培养必须与孩子生理机能的所有协调运动相符合。孩子天生就闲不住，爱到处动、到处玩，他们的运动方式根本无章可循。如果没有对孩子的运动进行指导，孩子常会表现出调皮捣蛋、任性好动、任意妄为的行为模式。

面对这样的孩子，成人最常做的就是限制孩子的活动，重复着“老实待在那儿”这句毫无作用、没有任何意义的话语。孩子其实正通过各种活动找到能真正对自身发展有益处的运动组织和协调方式。不要再试图让孩子安静地待着，而应该指引孩子去运动。对运动神经的培养也是“儿童之家”特有的且富有成效的训练方法。

孩子在这个阶段需要进行肌肉训练的相关内容有：基本的活动，比如，走路、坐、站、立、拿取物件等；能照顾自己；处理简单家务；进行园艺劳动和手工劳作；体育锻炼和运动；韵律活动。

孩子能够照顾自己的第一步，就是会自己穿衣服和脱衣服。我有这样一个教具，是钉有各种布料或皮革的四方框（图4），针对孩子们进行训练。在这个四方框的教具上，有扣子、带子、拉链等，包括了人们会接触到的用以扣衣服、系裤子或鞋子的各种方式。

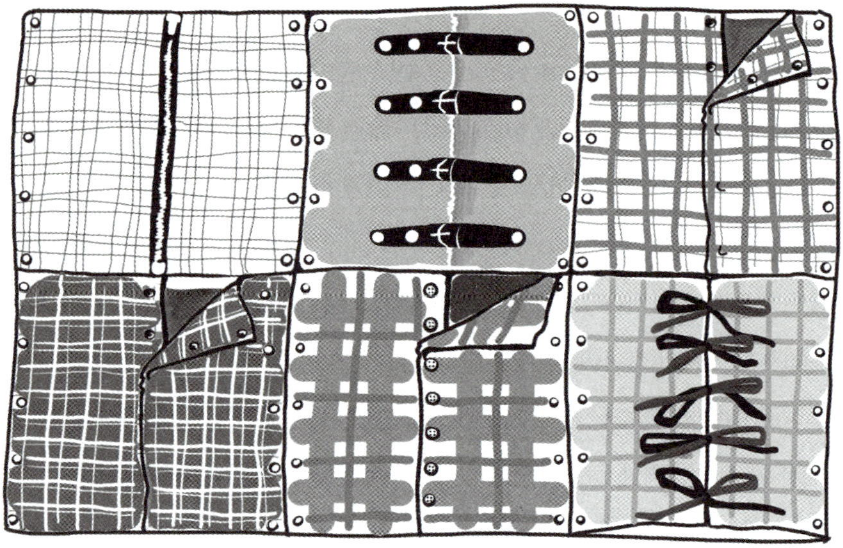

图4　用于练习系带和系扣的四方框

刚开始时教育者要坐在孩子身边，慢慢地向孩子展示系带子、扣扣子等动作，最好能将动作分解，越细致越好，让孩子能看清楚、看明白。例如，教育者可以这样分解动作：首先将四方框上的两块布对齐，如果是扣扣子，就先将扣子捏在手里，再将扣子对准扣眼，接着是将扣子完全放入扣眼，扣进去之后调整一下位置使布块平整。系带子也是一样的，教育者将带子系成蝴蝶结的全过程像慢动作那样展示给孩子看。

在我们拍摄的影片中，有一段就是教育者在教孩子用带子系蝴蝶结的过程。并不是所有孩子都需要教育者一一教导，孩子之间是可以相互学习的，他们会很有耐心地分析每一个动作，并将动作慢慢地、细致地做好。孩子可以舒服地坐着，将四方框放在桌子上进行训练。孩子一旦对这个练习感兴趣，就会反复在四方框上进行系扣训练。渐渐地，孩子的双手会变得十分灵巧，有的孩子只要一有机会就想给真正的衣服扣扣子，给鞋子系带子。四方框的训练激起了孩子穿衣的兴趣，我们常常可以看到，就连最小的孩子都想要自己穿、脱衣服，还想帮小伙伴穿衣服。

安静练习

安静中蕴含着力量

一天，我正准备走进一所“儿童之家”，在院子里遇到了一位母亲。这位母亲正抱着自己4个月大的婴儿。小婴儿被包裹着，这是罗马人的习惯，称为“布帕”。这个小婴儿非常安静平和，好像周围的一切都与他无关，当然也包括声音。我抱起他，他一点儿也不闹。于是我就抱着婴儿走向教室，许多孩子看到我来了，纷纷跑出教室来迎接我。他们围住我，用手抱我，抓我的裙子，他们的动作几乎要使我摔倒。我冲他们微微一笑，给他们看怀抱中的“布帕”。孩子们一下子全明白了，就不再碰我，只是站在我身边，眼里充满了欢乐。

我在孩子们的簇拥下走进教室。我们都坐下了，不同的是，这次我没有坐在他们准备的小椅子上，而是坐在了一把相对大的椅子上。这时，孩子们没有一个人说话，他们用欢乐而温柔的目光看着我。于是，我对他们说：“今天，我给你们带来了一位小老师。”孩子们很惊讶，有的发出笑声，有的满脸疑惑，有的则小声议论。我继续说：“没错，的确是一位小老师，因为你们中间，没有一个人能像他那样安静。”孩子们听到这话，不再说话和发出笑声，都坐好并保持安静。我还说：“你们中间也没有一个人能像他一样，把手和脚都放好。”孩子们听到后，开始注意自己手和脚的位置。我看着他们按照我的话做了，便微微一笑说：“没错，你们不可能像他一样安静，尽管你们已经很努力了，很少会挪动一下，可是这位小老师却能够一动不动。”我的话刚说完，我注意到，孩子们的表情看上去很严肃，看来我怀中的这位小老师发挥了作用。孩子们终于笑了，他们的眼睛好像在说：“这个小婴儿很乖，值得赞赏。”我说：“你们中间没有一个人能像他一样不发出丝毫声音。”孩子们听后，又都保持安静。“这位小老师不是绝对安静的，因为他呼吸时会发出声响，不过这种声响非常细微，你们可以走过来听一下。”

于是，几个孩子站起来，慢慢地走过来，弯下腰倾听小婴儿发出的声音。“你们中间没有人能像他这样安静地呼吸。”孩子们又是满脸的惊奇，他们看着我，他们从来没有想过，即便是轻轻地呼吸也会发出噪声，而一个小婴儿所能达到的安静状态，比大人所能做到的程度更深。我离开椅子，站起来说道：“你们踮起脚尖，不要发出任何声音，轻轻地走出去。”他们在走出去的过程中，我跟在他们后面说：“我还是能听见一些声响，但是这个小婴儿却没有任何声音，他一直保持安静状态。”孩子们纷纷笑了，他们明白了我的话。我走到窗边，把这个小婴儿交给那位母亲。

这个小婴儿好像有巨大的吸引力，紧紧吸住孩子们的心灵。的确是这样，世界上婴儿的安静是最甜蜜的。这个沉睡的小婴儿所达到的安静状态，聚集了新生命的全部力量。与小婴儿相比，我们语言所描述的安静在婴儿面前都失去了力量，比如，平和、宁静等。通过刚才的实例，孩子们感受到了人类新生命的安静所体现的诗意和美感。

这次体验就是我们“安静练习”的由来。

有一天，我想在安静练习中检验孩子的听力是否灵敏。在距孩子们不远处，我开始低声叫他们的名字。听到自己名字的人要走到我面前，走的时候不能发出任何声响。我认为这种耐心等待的练习对孩子来说是一种磨炼，所以我为他们准备了糖果和巧克力，准备在他们走到我面前时，作为奖励送给他们。但是，他们却拒绝拿糖果。孩子仿佛在用行为对我说："不要破坏这种美好的体验。我们的心处于喜悦之中。不要分散我们的注意力。"

我这才意识到，儿童不仅对安静敏感，而且对叫自己名字的声音也很敏感。即使这些声音在安静的环境中几乎很难被听到，他们也会踮起脚尖，慢慢地向我走来，并且小心翼翼地不碰撞任何东西，以免发出声音。

后来，我又认识到，每一项包含纠错内容的练习，就如同以安静来纠正噪声的练习一样，对儿童来说都是很有帮助的。重复这种练习，能使儿童的行为变得更加完美，而仅仅通过说教是难以做到这一点的。

我们的孩子通过学习如何绕过而不撞倒各种物体，如何敏捷而不发出声音地跑步，使自己变得灵活了。他们为自己能够完美地完成这些动作而感到高兴。他们饶有兴趣地发现自己的各种潜力，并在不断展现自己生命力的神秘世界中锻炼自己。

众所周知，儿童都喜欢吃糖果，所以当儿童拒绝糖果时，我觉得很奇怪。于是，我决定对此展开进一步的观察。我花了很长时间才使自己确信，在儿童拒绝糖果的背后存在着某种内在的原因。

我随身带着糖果到学校去，但这些孩子都拒绝接受糖果，或者把得到的糖果放进了衣服的口袋里。因为他们都来自贫穷的家庭，我想他们可能是想把糖果带回家去吃。于是，我对他们说："我刚才给你们发的糖果，你们可以带回家去吃，但剩下的糖果是给你们现在吃的。"他们接受了糖果，却依然放进口袋没有吃。

后来，当一个男孩生病了，老师去看望他时才发现，孩子将这些糖果珍藏了起来。这个小男孩因为感激老师来看望他，打开了一个小盒子，从里面取出一块他在学校里得到的糖果，要给老师吃。这块诱人的糖果已经存放在这个小盒子里好几个星期了，而孩子一直没有碰它。类似的情况在我们学校的孩子们中时有发生。

这是儿童发自内心的、自然的发展。没有一个人曾教给他们做一个"苦行僧"，放弃糖果，或不切实际地对他们说："儿童不应该玩耍，也不应该吃糖果。"当心灵得到升华时，儿童会自愿拒绝这些没有意义的、外在的乐趣。

安静可以慰藉孩子的心灵

钟表实验是我们在"儿童之家"中所进行的一个十分成功的实验，那是一个非常微弱的声音和悄声说话的实验。实验带有纯粹的经验性质，并不是用来测量感觉的，但是它的意义非常大，可以帮助我们了解孩子听觉的敏感度。

这个实验的进程是这样的。当达到相对安静状态后，要求孩子们注意钟表的嘀嗒声和平时我们的耳朵不注意的噪声。最后，我们让这些孩子一个接一个地小声说出自己的名字。

为了达到这一目的，我开发出几个关于安静的小游戏，这些小游戏能够强化儿童的纪律观念。

我让孩子们把注意力集中到我身上，让他们监督我能在多大程度上做到安静。我变换各种不同的姿势，站着、坐下等，在安静的状态下保持这些姿势，一动不动。要想保持绝对安静，并不是一件容易的事情。我叫出一个孩子，让他跟着我做同样的动作。他在调整自己脚的过程中，发出了声音。他把手臂放在椅子背上，这个动作也同样发出了声音。而他的呼吸也并不安静，他所做的一切不像我那样保持着绝对的安静。

在这个孩子做动作时，我利用静止不动的间隙简短地评价了他的表现，而其他孩子都在看着、听着。他们中间的许多人都对这个活动产生了浓厚的兴趣，因为这一切他们从来没有经历过。也就是说，我们以前制造了那么多的噪声，而事实上自己却从来没有注意过。当然，安静也存在着等级。当没有任何东西移动时，便是绝对的安静。孩子们看着我站在房间的中间，他们不发出任何声响，我也不发出任何声响，此时我就好像真的不存在一样。接下来，我让孩子们模仿我的动作，此时我特别注意自己的动作，哪怕是一丁点儿轻微的动作，也会发出声音。而孩子们也都关注着自己，保持一种静止不动的状态。

当孩子们努力保持这种状态时，我们就达到了安静状态，这种安静与我们平时所说的安静有很大的区别。

这种安静就像生命渐渐消失一样，整个房间随着安静的延续在一点一点地变空，好像里面没有人一样。接下来，我们就听到钟表发出的嘀嗒声，并且随着安静的程度越来越深，这嘀嗒声也就随之变得越来越强烈。孩子们坐在那里，好像睡着了一样，其实他们在感受迷人的安静。一位老师这样说道："这儿好像没有人，孩子们都出去了。"

达到这种程度后，再慢慢拉上窗帘，轻声告诉孩子们闭上眼睛，趴在胳膊上休息。孩子们按照我说的做了，屋内一片黑暗，这种绝对安静的状态又出现了。

这时我轻轻地说："请大家仔细聆听，有一个非常轻柔的声音在叫你的名字。"说这话时，我已离开孩子们所在的房间，走到隔壁的房间。声音久久徘徊，好像我在遥远的山峰上说话一样。这种声音，要是在平时几乎听不到，而此刻似乎飘入孩子们的心中，唤起孩子们的灵魂。当每个孩子被叫到名字时，他会抬起头，睁开眼睛，脸上流露出一种幸福的表情。然后他站起来，用脚尖轻轻地着地，向外面走去。这要是在平时，根本听不到。但现在他的脚步在安静中出现回声，回荡在静止不动之中。

孩子们来到门口，满脸高兴。有的孩子会把脸埋在我的裙子上；有的孩子会回头看自己的同伴，他的同伴像雕像一样安静地坐在那里等待着。被叫到的那个孩子似乎拥有了特权一般，或如同收到礼物及奖励一样。虽然他们知道，每一个人都会被叫到，但他们感觉"第一个被叫到的就是最安静的一个"。所以每位孩子都尽力表现出安静的状态，希望获得这种奖励。有一次，我看到一位3岁的小孩想打喷嚏，但她还是努力地把喷嚏憋回去了。她忍住了，她成功了！她的努力令人吃惊。

孩子们对这个超乎想象的游戏产生了极大的兴趣。他们表情专注，耐心而静止不动，显示出无比的快乐。刚开始时，我还不了解孩子们的心灵。我曾设想过，把糖果和小玩具分给被叫到的孩子，认为这些小礼物是对孩子做出这种努力的奖励，但是我很快发现没有奖励的必要。

孩子们经过努力保持住安静以后，便享受到了安静的感觉。对安静产生的快乐很惬意，就像船舶停靠在安全的港湾中一样。孩子们乐于接受一些新东西，并且能够战胜自己。这对他们来说是一种有益的补偿。他们不在乎糖果，也忘记了小玩具，而我曾认为糖果和小玩具会吸引他们的注意力。因此，我放弃了那些想法，并且十分惊奇地发现，这个游戏非常成功。即便是3岁的孩子，也能够在我把全班40个孩子一一叫出房间的这段时间内保持静止不动和安静的状态！

从那个时候起，我终于认识到，孩子的心灵中存在着独特的奖励形式和精神快乐。经过这样一些练习以后，孩子们和我的距离变得更近了，他们比以前更加听话、更加有礼貌了。在这样的游戏中，我和孩子们有时好像的确被隔离在世界之外，并且有那么几分钟我们之间非常接近。我叫他们的名字，他们在安静中听到我发出的声音，这种声音让每位孩子都非常高兴。

第五章
3 ~ 4 岁儿童的敏感期

词汇爆发期

在自然规律的影响下，3岁多的儿童会努力在周围环境中寻找一些有益的经验。他们使用手，一方面是满足实践的需要，另一方面也是为了获取知识。当把儿童安排在我们为他们布置的新环境中时，他们的表现十分出乎我们的意料。他们看起来更快乐，他们会兴致勃勃地去做事情。即使长时间做一件事，也不会感到疲惫。他们的头脑似乎变得灵活了，他们对知识也充满了更加强烈的渴望。

强烈地渴求学习词汇

在我所创立的学校中，起初在这里工作的老师受到的教育不多。他们把很多写在不同卡片上的单词拿给孩子读。但没过多久，他们就觉得自己的词汇量不够了。他们只知道一些关于周围事物的词汇，可孩子还希望学到更多的词汇。所以我开始找一些相对专业的词汇，比如多边形、梯形、三角形等几何图形的名称。之后，我继续给他们写出温度计、气压计这种更专业的词汇。再后来，我还把一些植物学方面的词汇教给他们，比如花冠、花萼、雌蕊、雄蕊等。孩子们总是充满热情地去学习，之后又提出学习更多词汇的要求。有时候，我们带孩子到户外去，他们竟然会跟老师说出各种各样汽车的名字，甚至有些车连老师都不认识，这让老师非常尴尬。

这个年龄段的孩子强烈地渴求学习词汇，而且对学习完全不知疲倦。可是一旦进入下一个阶段，情况就完全不同了。儿童进入其他能力的关键期，吸收新词汇对于他们来说变得越来越困难。我们注意到，儿童在这段时期学习的词汇会让他们一生受用。从他们8～9岁开始上学起，他们就能够自如地使用这些词汇。由此，我们得出结论，儿童学习语言的最佳时间段是3～6岁。

其实，爆发期并不是会爆发出什么东西，从表面上看它就像“火中的一缕青烟”，但这只是表面现象，真正的爆发发生于人们的内在个性。其实，人们的内在个性就像一座还未爆发的活火山。从表面上看，它很平静，没有变化，而它内部的岩浆总有一天会剧烈地迸发出火焰来。于是，专家可以通过火山喷发时的火焰形态和它喷发出的物质，去研究地球的内部形态。

然而，我们来认真地进行下一步思考：有意义的语言是以什么为基础的呢？不就是语法吗？成人和儿童说话都需要符合一定的语法规则。4岁的儿童正处于完善自身语言机制、扩大词汇量的过程中，如果这个时候我们能给他们一些语法方面的帮助，对他们的语言发展是很有好处的。我们可以通过教授语法来帮助他们进一步熟练掌握自己正在学习和吸收的口语。从以往的经验中我们发现，语法能引起儿童兴趣的时候是最适合教儿童语法的时机。儿童在第一阶段（0～3岁）以无意识状态学习语法，而现在他们要有意识地对自己进行完善。另外，我们还发现，儿童可以在这个年龄段学习很多新词汇。他们对词汇具有的一种特殊敏感性能帮助他们自然而然地积累大量的词汇。

这是儿童词汇量发展最快的时期，很多实验都为此提供了证明。这一时期的儿童好像对学习新词汇充满了渴望。如果得不到帮助，他们的学习就会进行得很吃力。因此，我们也应该系统地对他们进行词汇的训练，以满足他们的需要。

具有极强的接受能力

我们给儿童准备了一些大小合适的小物件，以方便他们使用。当儿童发现自己置身于实实在在的生活中时，他们产生的反应让我们感到意外。当然，我们成人也需要进行一定的努力，去解释它们的意义，来促进这种教育方法的实行。

我们认可的那些教育方法，还没有能够取得成果的。而在这些成果逐步展现的过程中，它反而为我们教育孩子指出了一定的方向——我们应该创造出生命需要的条件。儿童在发展的过程中不应该受到阻碍，在选择成人为他们提供的行为方式时，儿童应该是自由的。这是一个重大的儿童心理学发现。从北极探险归来的探险家皮尔里把它称为“人类心灵的发现”。皮尔里认为，这其实并不是在对儿童进行教育，而是在呼唤人类的天性。

有两个事实从一开始就存在着。

第一个事实：儿童的大脑吸收文化的年龄要早于我们的想象，而儿童获得知识的方式则来自与运动有联系的某些活动。我们都知道，孩子在3~6岁这个年龄段具有非常强的接受能力。处在这个年龄段的孩子只有在活动的过程中才能展开学习。儿童需要通过“工作”使自己得到发展。

第二个事实：在吸收学习的过程中，儿童对自己曾经了解的东西具有一种特别的兴趣。儿童能够很容易地把自己的注意力投注在这些事物上。例如，儿童书写爆发期的开始就跟他们对语言的敏感性有一定的联系。在他们可以说话之后，书写爆发期就体现出更强的操作性了。

到5岁半或6岁时，儿童的语言敏感性就不那么显著了。所以，只有在这之前学习书写，儿童才会表现出较高的兴趣和热情。而当儿童超出了这个年龄时，他们就失去了自然赋予他们的特别时机，这时他们再想学习书写，就要付出特别的努力。

同样，由我们的经验可以得出这一结论：儿童的书写能力一方面得益于他们在之前阶段获得的经验，另一方面得益于他们曾经进行的实践准备，那就是我们为儿童提供的培养他们感觉、分辨能力的多种不同的手工实践。由此，我们获得了“间接准备”这条新的原则。

我们提倡使用图形或实物来促进儿童学习词汇。不过，很多家长可能不同意这样做。如果他们的孩子也把家中花园里所有的植物连根拔出，这些家长将有何感想呢？

把语言和环境关联起来

我们在这里提倡的不是机械地学习词汇，而是当我们教孩子新词汇的时候，最好把这些词汇跟实物或孩子的户外活动相结合，让新词汇跟孩子的实际经历相呼应。比如，介绍花卉、树木等方面的词汇时，可以带孩子们去看看花或树叶的样子；讲述岬、湾、海岛等地理词汇的时候，可以借助地球仪。有了实物、图片或图表，儿童能够更容易地记住这些单词。

儿童学习这些内容本来没有困难，反而教育者可能会觉得这些词汇对孩子们而言容易相互混淆，难以记清。有一次，我遇到一件事情：

一个在校学习的14岁男孩对花的各个部分的名字不太了解。突然跑过来一个3岁左右的孩子，他指着花说："这是雌蕊。"说完，他又跑了回去。

一次，我根据教科书给孩子们讲述植物根的不同种类，还利用墙上的挂图给他们做讲解。一个孩子跑过来问我这些图上是什么东西，我给他进行了解释。没过多久，我们就发现花园里的植物无一例外地都被拔出来了。这个孩子被植物的根深深地吸引了，他想把所有的植物都拔出来看个清楚。

语言形象化

呈现自己获得的知识

人们往往觉得，这一年龄的儿童有两个主要需求：玩木质几何图形，在讲故事中发展想象力。成人觉得玩木质几何图形可以帮助儿童直接地把自己的思想和周围的环境联系起来，进而让他们认识和了解世界，达到心理快速发展的目标。讲故事则被视为一种促进儿童想象力发展的方法。而儿童又会在游戏中释放这种想象力，在亲自动手做事的过程中，儿童增强了体力，人们会很自然地觉得这些活动让儿童的大脑跟外界进行了沟通联系，对儿童帮助很大。

其实儿童的认知跟他们看到的东西并不是完全吻合的，因为他们不只是直观地认识这些，而且具有非常丰富的想象力。

儿童需要一种非常有序的心理活动能力来勾画他们没有看到的事物。如果只有看到某种东西后大脑才能记住，那么我们只需要把儿童带到户外去，他们就能了解一切。但实际情况并非如此，我们不只是用眼睛来吸收事物的，构成我们文化的也不只是我们所见到的事物。在了解世界的过程中，如果我们没见过湖泊或者冰雪，就要发挥想象去描述出它们的样子。要做到这一点，就需要具备某种特别的心理能力。

我们无法说明儿童的想象力究竟有多么丰富，所以我们开始了测试。这是一个从6岁儿童开始的测试。我们努力从全局的视角向儿童介绍地理的概念，也就是说我们的讲解不是从地理图形的河流、海湾、海岛等某个局部开始的。

我们向孩子们展示了一幅地图，告诉他们这就是地球。

这些孩子不能根据周围环境中的事物展开想象，进而掌握世界的样子，但必须通过大脑的神奇想象力来形成世界的概念。我们给他们展示的地图用深蓝色表示海洋，用金色的点状带表示陆地。尽管地图上面没有写出地名或做出普通的标记，但孩子们却出人意料地说出：

“这是陆地。”

“这是海洋。”

“这是美洲。”

“这是印度。”

……

儿童非常喜爱地图，地图几乎是儿童房间里不可缺少的物品。儿童在3～6岁的时候既能够辨别事物之间的关系，还能借助想象的力量，在头脑中勾画出他们无法直接看到的事物。在儿童心理方面，想象力是很重要的。世界各地的人都经常给儿童讲神话故事，仿佛这样做可以培养他们的想象力。如果我们都认同儿童喜欢想象，那么我们为什么只通过讲神话故事来培养他们的想象力呢？假如儿童可以对某个神话故事展开想象，他们也同样可以想象美洲啊！儿童能够借助观察地图获得更加直观的印象，这种获得印象的方式与他们从谈话中汲取信息的方式是不同的。我们总是忽略想象力这个发现真理的心灵力量。儿童的思想正在不知疲倦地主动运转着，它闪烁着灵感的火花。

把看到的东西进行形象化处理

我还看到了这样一个例子：

几个6岁的儿童站在地图前进行讨论，有个3岁半的孩子挤进来说：“这就是世界吗？让我看看！”

别人告诉这个孩子：“是的。”

3岁半的孩子显得很惊讶：“现在我懂了。我叔叔以前环游过世界3次呢！”

这体现出这个孩子明白地图只是世界的模型，地球实际上是很大的。他肯定曾经在别人的谈话中听说过这些知识。

我们学校的另一个小男孩也要看地图。这个男孩才4岁。在认真观察之后，他没有找到其他孩子都在关注的美国，就插嘴问：“纽约在哪儿？”其他孩子很惊讶，但还是给他指出了纽约的位置。

4岁小孩又问：“那荷兰呢？”这让周围的人更不敢相信了。在一片讶异声中，大家为他指明了荷兰的位置。

然后，小男孩说：“我爸爸每年要去美国两次，就在纽约。等他离开家，妈妈就告诉我‘爸爸在海上’，一连好几天她都这样说。后来妈妈就说‘爸爸到了纽约’，再过几天，妈妈会告诉我‘爸爸又在海上’，等到妈妈说‘爸爸到了荷兰，我们会在阿姆斯特丹见到他’的时候，让人快乐的日子就要到了。”

这个孩子以前就听过美国好几次，只要听到有人把美国跟地图联系起来，他就会马上停下手里的活动去看，而且表情仿佛在说：“我已经看到美国了。”

把看到的东西进行形象化处理，要经历一个艰难的阶段。这跟儿童认识物质世界的过程是一样的。最后，儿童通过联想把真实的事物同词汇联系在一起。

提问敏感期

如何回答儿童提出的问题

这一年龄的儿童充满了好奇，经常要求成人为他们解释很多事情。面对他们一个接一个的问题，我们就像被轰炸了一样。而假如我们不厌其烦地一一解答，认为他们的这些行为是求知的表现，儿童就会非常高兴。不过，我们应该记住，儿童不喜欢成人对问题做长篇大论的解答，可成人却偏偏喜欢这样。

曾经有一个孩子问爸爸："为什么叶子是绿色的？"

爸爸觉得这个问题包含着高深的知识，就给孩子讲解起叶绿素和光合作用来。

可孩子却小声说："我只是想知道为什么叶子是绿色的，不想听什么叶绿素、太阳之类的。"

众所周知，这一年龄段儿童的主要特征就是爱玩儿、想象力丰富和经常提问题。孩子们总有很多不懂的东西，有时候他们的问题还很难回答。

孩子们常常会问妈妈这个问题："妈妈，我是从哪里来的？"他们一直想知道这个问题的答案。一个已经有准备的聪明母亲会跟孩子说实话。一个4岁的孩子向妈妈提出这个问题时，他得到的回答是："你是我的孩子，是我生出来的呀！"

这个简洁的回答满足了儿童的渴望。一年以后，妈妈可以对孩子说"我现在正在生另一个孩子"。等到妈妈从产房回到家里把新生儿给孩子看时，可以告诉孩子："这个婴儿跟你一样，也是妈妈生出来的，他是你的弟弟。"

这时，已经6岁的孩子会非常不满地说："你为什么不告诉我，我究竟是怎么来到这个世界上的？我已经长大了，应该知道这件事了。你为什么不说真话？你说你要生一个弟弟的时候，我就开始用心观察你，但是你根本没做什么呀！"

尽管说实话看起来是一件不容易的事，然而老师和父母也应该凭借一定的智慧去满足儿童这种发自想象力的需求。

正是由于这些问题很难根据成人的思维逻辑进行解答，所以教育者们需要进行特殊的培训。首先，我们应该抛弃成人对儿童的主观猜测，真正了解儿童是怎样发展的。回答这种问题应该使用一些针对3～6岁孩子的技巧，而这又恰恰是我们所缺乏的。值得庆幸的是，儿童从周围环境中学到的东西比从成人那里获得的要多得多。不过，我们还是应该在了解他们心理的基础上，尽可能地帮助他们。

儿童为什么反复地提问

儿童想知道的事情很多，他们总是乐此不疲。目前，我们在儿童心理学方面还有很多错误的认识。这说明我们根据那些想当然的原则去指导儿童是不行的，因为我们还不是很了解他们。只有儿童自己才能教我们怎样去了解他们。我们需要通过儿童行为的方式去了解儿童。

很多事例都告诉我们，儿童想做一些有趣的事情，他们也很想确切地知道怎么去做这些事情。对于他们来说，准确是非常有吸引力的。他们不断去探寻的原因也在这里。于是我们可以据此推测，儿童对感兴趣的事物存在潜意识的目的。他们有一种本能，可以努力协调自己的活动，并努力去控制它。

我们在观察中发现，一旦有事物引起儿童的兴趣，他们就会反复不停地做这件事。他们如此投入地重复着生活中某些常见的事，让我们感到非常惊讶。比如，他们会专心地磨一件铜器，一直反复地做，直到把它磨得发亮。这反映出一个问题，儿童做这些事情的真正目的是要满足一种潜意识的需要，而他们的表面目的只是一个刺激自己行动的基点。由此，儿童能够在做这种事情的同时获得成长。因为儿童在这种重复的行动中会增强精神系统的调控能力，在自身的肌肉之间建立起一种新的协调性。这种协调性不是天生的，而是在后天活动中获得的。同样地，成人也会不停地进行各种游戏、运动。成人打网球、踢足球的目的不只是要把这些运动项目做得更好，而是这些运动可以让他们学会某些他们还不具备的技能，提高这种技能才是成人运动的真正目的。

绘画敏感期

自由绘画

自由绘画的重要之处在于，揭示出孩子的观察能力，同时也展现出孩子的个人偏好。一般说来，孩子第一次绘画时没有任何形状，画面非常混乱。

教育者应该问孩子想画什么，并且指导孩子该如何画。慢慢地，孩子的图画变得越来越清晰，能够揭示出孩子在对图形的观察中所取得的进步。那些细节的东西在孩子们粗略的草图中也经常被观察并且记录下来。同时，因为孩子们是随心所欲地进行绘画，所以这些绘画向我们显示了那些最能吸引他们注意力的物体。

填充绘画

这种绘画对孩子来说非常重要，因为它们是在“为书写做准备”。这种绘画对色彩感觉所发挥的作用，就像自由绘画对形状感觉所起的作用是一样的。也就是说，这种绘画揭示了孩子对颜色的观察能力，而在自由绘画过程中，揭示出孩子对他周围物体形状进行观察的细致程度。这种练习主要包括用彩色铅笔填充黑色轮廓线图案，这些轮廓线展现出一些最简单的几何图形和不同物体。对于孩子来说，这些图形和物体在学校、家庭中都很常见。要求孩子们选择相对应的颜色进行填充，这样就能够知道他是否对周围的物体进行了观察。

泥塑手工

这种练习与自由绘画、选择不同颜色的铅笔填充颜色比较相似。儿童可以随便地用黏土做自己想做的东西。换句话说，孩子可以做一些自己记得最清晰、印象最深的东西。我们给孩子一个木质圆盘，圆盘里面放着黏土，然后再给一些他们的同伴用黏土做得比较优秀的作品。这个时候，有的孩子会模仿他所看到的作品。最令人吃惊的是，孩子们不但对形状进行复制，甚至还对需要在小学中才学习到的维度进行复制。

我注意到，许多孩子用黏土做他们在家里面尤其是厨房中看到的物品，比如，水瓶、茶壶和煎锅等。有时，我们也会看到孩子做出一个摇篮，有趣的是摇篮里面放着婴儿。刚开始的时候，就像在自由绘画中一样，有必要要求孩子对物体进行具体描述来确认物体，但是到了后来，作品逐渐变得清晰起来，孩子们学会了复制几何物体。

能够很好地完成这种练习的孩子，也就是那些能够最迅速实现自觉书写行为的孩子。那些在黏土练习中表现不好的孩子，就需要教育者来直接帮助，指导他们注意观察自己周围物体的形状。

颜色感的练习——绘画和图片

我们准备了许多填色图片，孩子们可以用彩色铅笔进行填充。接下来还要给他们准备画笔、水彩颜料等相应的工具。最初的填色图片可以是花朵、蝴蝶、树木和动物，然后是一些简单的风景，包括草地、天空、房屋。

这种练习可以帮助我们研究孩子作为环境的观察者，在考虑到颜色方面时他们的自然发展。孩子在练习过程中是绝对自由的，可以自由选择颜色。比如，他们可以把小鸡画成红色，或者把奶牛画成灰色，这些都表明他们还不是一位合格的观察者。但是在这种方法的一般性讨论中，我已经谈到这种错误的出现。这种绘画同时也表明了儿童颜色感觉训练的效果。无论孩子选择细致而和谐的色彩，还是强烈对比的色彩，我们都可以判断出他在颜色感觉训练当中所取得的进步。

孩子必须牢记图画中所出现的物体在真实环境当中的颜色，这个事实会鼓励孩子去观察周围的物体。在这以后，希望孩子能够进行一些更难的图画练习。只有那些把颜色涂在轮廓线内，并且选择出正确颜色的孩子，我们才能够让他继续进行一些更为复杂的图画。

注意力敏感期

儿童注意力的保持并不是由教育者人为地实现的。其注意力是由某个能引起他们注意的固定的物品来保持的。在相同的情景中，一个新生儿为了完成吮吸活动而进行一系列复杂而协调的运动，也是源于首要的、无意识的营养需要。他们进行的这些活动并不是有意识、有明确目的地进行追求的结果。事实上，新生儿这时还不可能有明确的目的意识。所以，儿童最开始表现出来的行为源于一种基本的外界刺激。外界刺激是一种真正的精神乳汁。我们能够通过孩子的小脸发现他的注意力表现出惊人的高度集中。

我们发现，一个儿童可以连续50次不断重复同样的活动。这时候，很多人在他旁边四处走动，有人在弹钢琴，一群孩子在齐声唱歌……这么嘈杂的环境也没能分散他高度集中的注意力。同样，如果一个孩子正衔着母亲的乳头吃奶，不管身边发生什么事，他都不会停下来，除非他吃饱了。

只有自然能够创造这样的奇迹。通过儿童内心的精神力量作用就能够打开儿童的注意力之门。在这个过程中，理性、意志和性格会一同发展起来。这就像营养均衡的儿童，他们的大脑、胃和肌肉将同时成长发育一样。

如何培养孩子的注意力

首先，我们会发现孩子展示出一定的认知能力。它为智力的发展提供了第一个胚芽，可以补充本能的兴趣。当这种情况产生时，认知就开始为儿童建立一种类似注意力的心理机制。这样就又发生了从已知到未知、从简单到复杂、从容易到困难的演变，不过这是具有某种特征的。

从已知到未知的演变并不像有些教育者所设想的那样——从一个物体转移到另一个物体。它是在儿童内心建立起来的一种复杂的观念体系，是儿童在一系列心理过程中靠自身力量积极构建起来的。它代表了一种内在的心理发育过程。

提供适当的训练材料

为了完成上述变化，我们应该为儿童提供大量系统的、复杂的、符合本能的材料。

比如，我们可以向儿童提供一系列物品，来引发他们关注颜色、形状、声音、触觉和气压的本能。儿童会用他们特有的方式，同各种物品持续发生互动，来构建自己的心理个性，并获得对事物的清晰、有序的认知。

完成了这一步，这些通过形状、尺寸、颜色、光滑度、重量和硬度等特征呈现的物体，就跟儿童的心理建立了联系。某些东西开始出现在儿童的意识中。儿童时刻期待着它们，并快乐地接受它们。

当儿童在这种原始冲动的基础上又认识和注意到外部事物后，他们就跟这个世界上的某些东西建立了一种联系，他们的兴趣也更广泛了。换句话说，他们不再局限于跟原始本能相关的原始兴趣，他们的新兴趣建立在已获得的知识基础上。这也是儿童洞察力的基础。

传统的教育学认为，要让儿童将注意力集中到未知的事物上，就应该使已知和未知建立起一种联系，因为儿童能够在获取新知识的过程中扩展自己的兴趣。而我们在实验中观察到，这种观点只抓到了这种复杂现象的一些细枝末节。其实，已有的知识会使兴趣转向更复杂和意义更加崇高的事物上，而且还会促使文化不断地演变、延续。同时，这一过程本身就会让儿童在头脑中建立起秩序。

提醒材料之间的关联

教育者在讲课时简洁地说："××是长的。""××是短的。""××是红的。""××是黄的。"……他们就这样固定地用一个个简单的字清晰地表明了感觉的顺序，同时还对它们进行了分类、编目。在孩子的头脑中，一个印象同另一个印象被完全区别开来，它们都有自己的明确位置，而这种印象还能够通过一个字回忆起来。这样，新的知识既不会被随意抛在一边，也不会跟旧的知识混淆在一起，而是会被安排存放在合适的地方，还会跟原有的同类知识归到一起，如同图书馆里的图书一般，井然有序地陈列着。

于是，在人的内心深处不仅有一种渴望增长知识的动力，还会形成一种秩序，这种秩序又在不断吸收新信息的过程中得以维持。所以，内部的协调性就如同生理上的适应能力一样，本身就是以自发活动为基础建立起来的。人的内部条件决定了其个性的自由发展、个体的成长与组织建构。

教育者可以控制这些现象，但他们在这样做的时候，需要非常小心谨慎，要避免将儿童的注意力引向他们自己。因为儿童的全神贯注对自身的未来有决定性作用。教育者的教学艺术在于理解孩子的行为，而不要对自然的表现进行干预。

第六章

4～5岁儿童的敏感期

书写爆发期

4岁的孩子对书写有浓厚兴趣

4岁左右的孩子基本上能完成应用简单教具的训练，这时他们已经做好了向一个新境界前进的准备。当孩子做好了准备，他们就会非常急迫地想要学习新本领——用自己的双手进行书写。

一天，有两三位妈妈找到我，请我教她们的孩子认字和写字。这些妈妈没有受过教育，她们代表自己和其他家长向我提出了这个要求。当时，我是反对这样做的，因为她们的要求超出了我原来的计划，但是在她们的一再恳求下，我还是答应了她们。

在教孩子时确实出现了一些奇迹：

我只教给这些四五岁的孩子一些字母。我让老师用硬纸卡做出这些字母，有些字母甚至还是用砂纸做出来的。这样孩子就能把手指放在字母上面，顺着字形写，并感受这些字母的形状。我把字母都放在一个平板上，并把形状相似的字母归到了一处，这样孩子们的小手就能进行类似描摹的动作了。这位老师对这种安排十分满意，这样她就无须再帮孩子做其他事了。

我不明白这些孩子为什么会这么激动。他们像举旗子一样把这些字母高高举起，列队绕圈行走，还欢快地高喊着。

有一天，我惊讶地看到一个小男孩边走边自己重复："要拼写'sofia'这个词语，要有一个s，一个o，一个f，一个i，还有一个a。"他不断重复着这些字母，并拼出了这个词。

其实，这个孩子正在头脑里对"sofia"这个词进行着分析和研究，并寻找着组成这个词的音节。有所发现的渴望激起了他的浓厚兴趣，他终于认识到，每一个音节都对应着一个字母。

事实也正是如此，音节和字母之间确实是一一对应的。语音是念出来的，与之相对应的书写不过是把语音转变为可视的符号罢了。书面语言和口头语言的平行发展标志着孩子书写能力的进步。孩子早期的书面语言是从口语中提炼出来的，这一过程就像滴水终将汇成大河一样，随意发出的音节最后也会汇成词语和句子的"大河"。

书写是精确表达语言的交流方式

书写对书面表达能力和口头表达能力的发展至关重要。书写能使手掌握一种和说话同样重要的技能，并且会成为第二种能够精确表达语言的交流方式。

书写是文字发展的必然结果。但是，要想做到正确的书写，手就必须具有描摹这些符号的能力。一般来说，这些字母符号是很容易描摹的，因为它们只是代表了一些特定的音节。但是在孩子们自学书写之前，我却没有意识到这些。

这是在我们的第一所学校里发生的最伟大的事情之一：

第一个学会书写的孩子是那么惊奇，他高声喊着："我学会写字了！我学会写字了！"其他的孩子都兴奋地围了上去，想看一看他用粉笔在地板上写出的字。然后，这些孩子开始喊"我也会，我也会"，就跑去找书写的地方。一些孩子围在黑板边，其他的孩子则趴在地板上。他们马上开始写字了。

孩子们的书写热情就像急流一样无法阻挡。他们不放过任何一处能写字的地方，门上、墙壁上，甚至是面包上，都留下了他们的笔迹。这些孩子只有4岁左右，他们的书写才能是我们完全没能料想到的。一位老师指着一个孩子告诉我："这个小男孩在昨天下午3点钟就开始学写字了。"我们完全惊呆了，仿佛正在目睹一个奇迹。

我们以前曾收到过一些有精美插图的赠书，可是当这些孩子学会写字后，我们将书发给他们，他们却只是冷淡地把书接过去。

这些书里虽然有精致美丽的图片，但是这些图片的存在只会使他们分心，使他们不能够全神贯注地进行这项新活动。因为在现在这个阶段，孩子们是想写字而不是想看图片的。

也许是因为这些孩子以前从未看过书，所以很久以来，我们都一直希望能够唤起他们对书籍的兴趣，而他们却根本不明白什么是阅读。因此，我们只好把图书先放在一边，等待一个更好的时机。孩子不喜欢阅读别人写的东西，很可能是由于他们还不认得书中的字。当我大声地念出他们所写的字时，很多孩子都惊讶地转过脸来看着我，他们的神情似乎在问我："你怎么知道我写的是什么？"

学会书写能大大提高阅读能力

仅仅过了6个月，这些孩子就开始理解阅读的含义了。他们之所以能取得如此大的进步，最主要的原因是他们将阅读和写字结合了起来。

当我在一张白纸上描摹单词的时候，他们观察着我的手，并逐步认识到我就像在说话一样表达着自己的思想。他们刚刚认识到这一点，就开始拿起我写过字的纸，到角落里去尝试着阅读了。他们只是默读着这些字，并不发出声音。如果哪个孩子已经理解了我写的字，他那张因为努力思考而紧绷着的小脸就会舒展开来，露出笑容，并且还会高兴得蹦起来，就像藏在他体内的紧压着的弹簧突然被松开了一样。我所写的每一个句子都包含着一个我曾用过的口语命令："打开窗户。""到我前面来。"……这就是孩子们阅读的开始。后来，他们发展到能够阅读包含复杂命令的长句子。但这些孩子似乎只把书写理解为表达自己思想的另一种方式，就像说话一样，只不过是另一种能直接地在人与人之间进行交流的说话形式而已。

这段时期，当参观者来到我们的学校时，以前喋喋不休致欢迎辞的孩子，现在会突然保持安静。他们会站起来，走到黑板前写"请坐""谢谢你们的来访"等。

有一天，我们正在谈论西西里岛发生的重大灾难。在那里，地震导致了数千人死亡。这时，一个大约5岁的孩子站了起来，走到黑板前写道："我觉得很遗憾……"我们注视着他，希望看到他对所发生的事表达悲哀之情。而他却继续写道："我为我只是一个孩子而感到遗憾。"这实在是一个奇怪的评论。接着，这个小家伙又写道："如果我是一个大人，我就会去帮助他们。"这个孩子已经写出了一篇小文章，并向我们展露了他内心的善良。要知道，他的妈妈只是一个在街头靠卖草药养家糊口的小商贩。

还有一件更令我感到惊讶的事情：

有一天，我们正在准备罗马字母的教学材料，想帮助孩子们在阅读上取得更大的进步。这些孩子已经开始阅读所有能在学校里找到的印刷体字母了。但有一些文字他们很难辨认，比如日历上的文字，因为组成这些文字的字母是用哥特体印刷的。

与此同时，这些孩子的父母对我说：“跟孩子们一起走路实在很费劲儿，因为他们喜欢在街上停下来读商店招牌上的文字。”很显然，引起孩子兴趣的是字母而不是文字。他们看到了另一种不同的书写形式，并通过所理解的文字含义尝试并学会阅读它，这是一种直觉过程，就像成人能够辨认刻在岩石上的文字一样。他们在这些符号中所发现的含义，证明他们已经能辨认这些文字了。

如果我们匆忙地给孩子们讲解这些印刷体字母，有可能扼杀他们的兴趣和观察的热情。过早地强迫他们通过阅读图书来识字，会对他们产生某种消极的影响。追求这些无关紧要的东西，只会压抑孩子鲜活而丰富的心灵。因此，那些图书在很长一段时间里都静静地待在柜子里。直到后来，孩子们才开始以一种有趣的方式接触图书：

有一天，一个孩子激动地走进教室，手里拿着一张揉皱了的纸。他悄悄地对一个伙伴说：“你猜这张纸上有什么？”

“什么也没有，只不过是一张烂纸。”

“不，在这张纸上有一个故事。”

“这张纸上有一个故事？”

这番对话吸引过来很多好奇的小伙伴。这个孩子从废纸堆里捡来了一页散落的书页，他开始朗读起这个故事来。

于是，孩子们理解了书的意义。图书成为他们迫切想要的东西。然而，在这个时期，每当孩子们发现书中的某些内容很有趣时，他们就会把这一页撕下来带走。可怜的图书啊！当孩子们发现了书的价值，这些书却遭到了破坏。学校往日的平静和秩序被打乱了，我们必须阻止这些由于热爱阅读而变得极具破坏性的小手。这也说明，这些孩子虽然还没有学会阅读图书和尊重图书，但通过我们的帮助，他们已经学会了正确的拼写，在这些方面他们甚至可以跟一些文法学校的三年级学生相媲美。

认识数字

经过一段时间的练习，很多孩子都能够数2或者3，他们可以很容易地学会数数，数物体的个数。就像母亲说“你的衣服上面掉了两颗扣子”或者“我们还要三个盘子”等，有许许多多不同的方式可以达到这一目的，日常生活提供了许多机会。

用零钱帮助孩子学习数学

“儿童之家”对于此方面的教学，最开始使用的方法是数钱。

给孩子们几个不同的硬币，用这种方法能让孩子们学会从1数到10。换零钱是一种非常吸引孩子注意力的数数方法。

钱与日常生活联系得如此紧密，所以才能大大引起孩子们的兴趣。没有什么方式能比让孩子熟悉日常使用的硬币更实际的，也没有什么练习比换零钱更有用。

用木棒帮助孩子学习数学

在尝试过这种以实际的方式进行数数的教学后，我想试试更加系统的练习，就像在感觉训练中所使用的木棒那种教学用具——10根木棒（图5）。

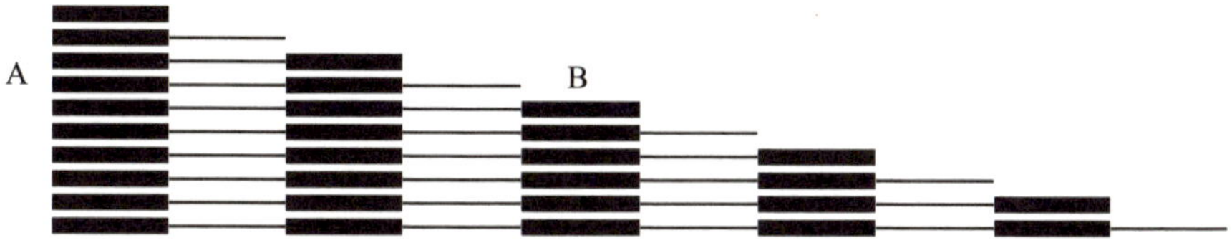

1									
1	2								
1	2	3							
1	2	3	4						
1	2	3	4	5					
1	2	3	4	5	6				
1	2	3	4	5	6	7			
1	2	3	4	5	6	7	8		
1	2	3	4	5	6	7	8	9	
1	2	3	4	5	6	7	8	9	10

图5　计数木棒与数字的对应关系

最短的一根长10厘米，最长的是1米，每根木棒与其相邻的木棒相差10厘米。

木棒上以10厘米为基准，交替使用红色、蓝色。

有一天，当一个孩子按照长度顺序排列这些木棒时，老师让他从最短的一根开始数红色和蓝色的记号，即1，1、2，1、2、3……

★ 利用木棒学习1～10

（1）在数每根木棒时，都要从1开始，即从A边开始。

（2）让孩子根据每根木棒上面所包含的记号数目，来从短到长给每一根木棒命名，要求从B边开始。

（3）当孩子数最长的一根木棒时，会得到如下数字：1、2、3、4、5、6、7、8、9、10。

（4）如果想要知道木棒的数量，就从上开始数，也是同样的结果：1、2、3、4、5、6、7、8、9、10。

说明：让孩子验证自己的计数是否正确，这会让他非常感兴趣，并进行多次重复游戏练习。

★ 数字与长度相对应的练习

把数数练习与前面孩子认识木棒长短的感觉练习结合起来，孩子就能够巩固数学学习。

（1）在地上将这些木棒混合起来，老师从里面拿出一根给孩子看，让孩子数上面的标记。举例说5、8。

（2）老师让孩子找出在长度上与其相邻且比其长10厘米的那根木棒。

（3）孩子通过眼睛来判断木棒所对应的数字，老师将这两根木棒放在一起，带孩子数上面的红蓝记号，来让孩子进行验证。

对孩子来说，这种练习可以进行重复，且形式可以有所变化。

通过练习，孩子们学会给每一根木棒命名，称呼这些木棒为“1号”“2号”……最终，在课堂上简称为“1”“2”“3”等。

用符号呈现的数字

在这一点上，如果孩子已经知道如何进行书写，那么这与教授字母的方法是相同的——老师可以将这些数字用砂纸剪出来，然后贴在卡片上。

“这是数字1。”

“这是数字2。”

“给我数字1。”

“给我数字2。”

“这是几？”

孩子们兴致勃勃地学着，就像在字母教学中那样学习，描画所学的数字。

关于数字0的教学

在认识数字0的游戏中，通常情况下，有必要让孩子明白老师所说的0意味着什么。

为了达到这一目的，老师使用了一个让孩子非常放松的小游戏。

老师站在孩子们中间，然后转向其中一个已经进行过这一练习的孩子，说："亲爱的，过来，到我这里来0次。"

孩子们几乎总到老师这里来，然后又跑回原来位置。

"可是，我的孩子，你来过了1次，而我告诉你的是来0次。"

接下来，孩子就想知道原因了。"老师，我应该怎么做呢？"

"什么也不做，0的意思是什么也没有。"

"老师，可是我该怎样去做什么都没有呢？"

"好孩子，不要做任何事情，静静地站在那里，不应该过来。0次就是1次也不用过来。"

老师一直重复这一练习，直到孩子们理解。当老师让他们到老师这里来0次或吻老师0次的时候，他们能保持安静，什么都不做，但感到非常好笑。

孩子们经常很快乐地喊道："0就是什么都没有，0就是什么都没有！"

数字记忆练习

当孩子们认识书写的数字，知道这些数字所代表的数值时，对他们进行了如下练习：

（1）从旧日历上面将数字剪下来，然后贴在卡片上，把它们叠好放在盒子里面。

（2）孩子们抽出卡片回到座位上，在座位上打开卡片，看完后再将卡片叠好，并不让别人知道。

（3）老师让这些孩子（一般说来，自然是班上年龄最大的一些孩子）一个接一个或者分成小组，来到老师桌子边上，桌子上面放有各种各样的小物体。

（4）每一个孩子都根据自己卡片上的数字来选择相应的物体数目。

（5）孩子们将自己的卡片也放在物体边上，当然要让卡片处于叠好的状态，用于保密。

在这一过程当中，孩子们不但要来回走动，还要再选取物体并一个一个地数，以保证牢牢记住自己的数字。

在此过程中，老师就可以对不同孩子的数字记忆差别进行有趣的观察。

（6）孩子们拿好物体后，就回到自己桌上进行摆放。他们要将物体摆放成相等的两列——

如果数字不是偶数，就要把最后一个物体放在这列最下面一行的正中间，就像图6所示：

0	0	0	0	0	0	0	0	0	0
×	××	××	××	××	××	××	××	××	××
		×	××	××	××	××	××	××	××
				×	××	××	××	××	××
						×	××	××	××
								×	××

图6　数字记忆练习示意图

图6中的0代表写有数字的叠好的卡片，×代表物体。

（7）在排列好物体之后，孩子们就等待着老师的检验。

（8）老师来到桌前，打开卡片，读出数字，然后数物体的数目。

当老师一开始进行这个游戏时，孩子们拿的经常要比卡片上所要求的数字多一些，这并不是因为记不住数字，而是因为他们由于欲望而想拥有最多的物体。

这是人类贪婪本能的一种体现，对那些原始而没有受过教育的人而言更加普遍。

这时，老师就要向孩子们解释："孩子们，你们就是把所有的都拿过来也没有用，因为这一游戏的要点，就在于拿取卡片上所要求数目的物体，大家明白了吗？"

渐渐地，孩子们开始明白这一概念，但并不像我们老师所想象的那么容易。

这属于一种自我否定的努力，这种否定要求孩子们将自己限制在一定范围之内。一个孩子看见别的孩子拿了许多东西，而自己按要求只能拿两个时，心中多少会有些不平衡。

对于孩子而言，这一游戏不但是一种数字练习，更是一种意志力的练习。

特别是那个抽到0的孩子，他不应该拿任何东西，只能眼睁睁地看着其他同伴自由选取物体。他的心里很失落，感到自己很寂寞、很孤立，而又不得不服从。

有许多次，0落到了数数非常好的孩子手里，这一下更加形成巨大的反差。他本应该在拿物体、将这些物体摆放整齐和等待老师检验中感到巨大的快乐，可这次却不能。

研究那些抽到0的孩子的面部表情，是最有趣的事情，从中能真实看到孩子身上的童心与人性。

每一个孩子的个性特点体现出了个体差异：

有的孩子掩饰不住喜悦之情，因为他们发现自己处于一个独特的位置，这让他的同伴非常好奇；

有的孩子以一种渴望，几乎是嫉妒的目光打量着其他同伴的每一个动作；

有的孩子无动于衷，表面上显露出勇敢，其实是为了隐藏失望之情；

有的孩子通过一些下意识的动作，将这种失望流露出来；

另外有一些孩子，他们立即接受了这种情况，这很不简单。

当进行检验时，那些拿着0的孩子的表情最有趣。

“你为什么什么东西都没有拿呢？”老师问他。

“我抽到了0。”孩子有点儿不淡定地说。

“是0。”孩子又重复了一次。

这些话都很普通，但孩子们的面部表情以及说话的腔调，表现出各种不同的情绪。

实际上，很少有人在解释时流露出高兴的表情，大多数孩子都是不高兴或无可奈何的。

老师对这一游戏的意义进行了说明：“如果抽到0，那么想要保守秘密就非常难了，这是最难的。”

这样过了一会儿，孩子们都在保持安静。

这一难题吸引了孩子们，当他们打开写有0的卡片时，老师看到他们还是可以保守秘密的。

感觉数量

当对孩子进行实际数字的教学时，就意味着从木棒练习转变为使用独立的单位进行计算。这个转变是一个质的飞跃——从木棒的具体概念转变成数字的抽象概念。

孩子在学习计算之前，要拥有必要的知识，要对一些概念有清楚的认识。在之前的感知练习中，那些教具让孩子有了一定的数量概念，例如长、短、明、暗等。在进行识别物体形状差异的练习时，孩子理解了“一致”和“区别”的概念，先认识了相同的物体，然后再将相似的物体按一定的次序摆放好。这里，我要特别提一下立体插件的一个练习，这个练习2岁半多的孩子就可以进行。当孩子将一个圆柱体放入一个较大的插孔，那么最后总有一个圆柱体放不进插孔，孩子会在不断的练习中本能地思考为什么会有一个圆柱体找不到自己的位置。孩子的大脑对老师过早教他们进行算术并没有做好准备，但通过这样的练习，孩子的大脑慢慢开始进行知识储备，这是一个缓慢的自我培养过程。

当孩子的大脑做好准备之后，就可以开始算术的教学了。在进行算术练习时，我们还需要运用感知教育时采用的教具。

这几套教具之间都有一定的联系。

木棒练习

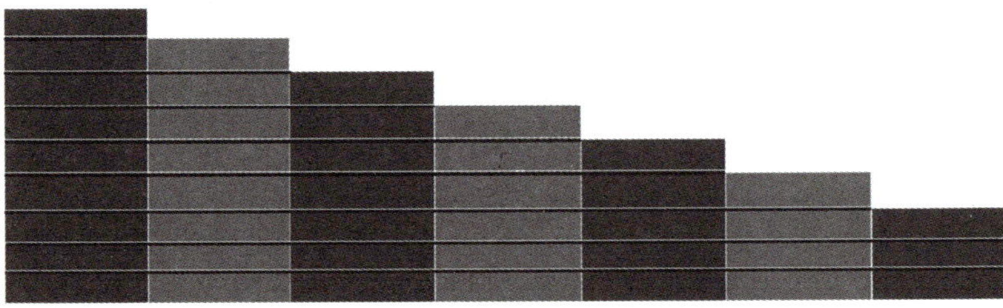

图7　教孩子认识长度的木棒教具

在教孩子认识长度的那组教具中，每根木棒的增长比例是10厘米，且保证其他尺寸都不变，最短的那根木棒是其他木棒的衡量单位，第2根木棒是它的2倍，第3根木棒则是它的3倍。这10根木棒都有着一定的联系，这种联系与1、2、3、4、5、6、7、8、9、10等计数顺序完全相同。

棱柱练习

图8　教孩子区别厚度的棱柱教具

教孩子认识厚度的棱柱教具，其棱柱方截面进行变化而长度保持不变。也就是说，第1个棱柱体截面边长为1厘米，第2个则为2厘米，第3个则为3厘米……第10个棱柱体的截面边长为10厘米，棱柱体的截面边长进行着序列变化。因此，棱柱体之间也是相互联系的，其比例与平方数序列相同（1、4、9等）。也就是说，第1个棱柱的边长为1厘米，那么需要4个1厘米边长的棱柱才能构成一个2厘米边长的棱柱，9个边长为1厘米的棱柱才能构成边长为3厘米的棱柱，等等。这组教具之间的比例为1∶4∶9∶16∶25∶36∶49∶64∶81∶100。

立方体练习

图9　教孩子区别大小的立方体教具

教孩子区分大小的立方体的边长同样也是根据数字顺序依次增加的。第1个立方体的边长为1厘米，第2个为2厘米，第3个为3厘米……第10个则为10厘米。要8个边长为1厘米的立方体才能构成一个边长为2厘米的立方体，要27个边长为1厘米的立方体才能组成边长为3厘米的立方体，依次类推。这些立方体之间的联系就是体积上的区别，就是从1到10的立方乘积之比，即1：8：27：64：125：216：343：512：729：1000。

孩子通过练习意识到，立方体练习是3套练习中最容易的一个，而木棒练习则是最难的一个。

利用木棒教具教孩子计数

我们可以用一根长木棒教孩子算术，需要先将长木棒分成10根10厘米长的小木棒，并将它们分别涂成红色和蓝色。在做练习时，孩子会发现，1根小木棒4倍长的木棒是由4根相同长度的小木棒组成的。

我们将木棒摆好后就可以开始教孩子计数了，用手一个一个点着木棒并数1、2、3等数字，一直数到10。我们要让孩子有一个清晰的计数概念，并让孩子识别单个的小木棒。

我们把3根木棒放在孩子面前，指着木棒或者依次握在手中，并说："这是1。""这是2。""这是3。"我们指着木棒的分割线再次明确地告诉孩子："1、2，这是2。""1、2、3，这是3。"然后，我们跟孩子说："请给我2。""请给我3。"最后，我们指着小木棒问孩子："这是几？"孩子会回答："3。"我们要跟孩子一起数："1、2、3。"当孩子掌握了这3个数字之后，就可以继续按顺序教孩子计数了。根据孩子的具体情况，可以每次在原有的基础上添加1根或2根木棒。

通过这个练习，可以帮助孩子形成清晰的计数概念。当孩子读出一个数时，这个数有一个相对应的具体实物存在，也就是数与实物的结合。我们可以尝试让孩子这样理解：当孩子给我们展示9时，手里拿的是一根不会弯曲的木棒，由9根基准长度的小木棒组成。当孩子进行8+2的运算时，会在一起摆放2根不同的木棒，一根木棒是由2根基准长度相等的小木棒组成，另一根木棒则由8根基准长度相等的小木棒组成。在一些学校，为了让计算课程变得轻松有趣，老师会用豆子、弹球等小物体来替代小木棒。例如，在进行8+2的运算时，孩子会先拿出8个弹球，然后再加进去2个。这样，孩子的头脑就不是在做8+2的运算，实际上是在进行1+1+1+1+1+1+1+1然后再1+1，使得孩子必须在头脑中牢牢记住8个弹球作为一个联合整体与单个的数字8相对应。这种弹球计数练习很可能会让孩子倒退，使孩子的算术能力推迟几个月甚至几年。

使用教孩子认识长度的教具来教孩子进行10以内的加减运算会简单很多。孩子通过摆放小木棒学习算术，会让学习过程变得更有趣。孩子先将木棒按顺序摆好，然后拿起小木棒1放到9旁边，再将2放到8旁边，依次继续摆放，直到摆到5为止。

这个摆放过程演示了10以内（包括10）的加法，即9+1、8+2、7+3、6+4。孩子要将木棒放回原来的地方，就要先拿走4并将其放在5的后面，然后再依次拿走3、2、1。这样，木棒就回到原来的位置，同时孩子进行了减法练习，即10−4、10−3、10−2、10−1。

如前文所述，当对孩子进行实际数字的教学时，就意味着从木棒练习转变为使用独立的单位进行计算。这个转变是一个质的飞跃，从木棒的具体概念转变成了数字的抽象概念。也就是说，数字可以代替具体的实物了。只使用木棒会将孩子限制在只能运算10以内或者稍多一点儿的数字的水平，这些简单运算只比初级的感知教育进步了一点点。数字是一种图形符号，对人类数学思维的进步起着重要作用。

利用其他教具教孩子识认10以上的数字

还有一个教具，是一盒光面的卡片（图10），卡片上粘着用砂纸做成的1～9的数字，有点儿类似于粘砂纸字母的卡片。教授的方式也与用砂纸字母卡片教授时类似，就是让孩子触摸数字并说出摸到的数字是几。比起触摸字母，老师教授孩子认识数字时要做更多工作。

首先，老师要示范如何将数字卡片放在对应的木棒上。

其次，孩子掌握之后，老师要再教孩子学会将数字卡片按大小顺序摆放在木棒上。

这个练习过程对孩子而言是一个快乐、有趣地摆放卡片的过程，孩子在很长一段时间内都会很乐意去进行这项练习。

在这个练习之后，孩子就能够运用数字了，并且还能运用数字进行一些最小的整数组合，可以说这些数字就是他的了。因此，我的教具中还有一套木钉，还有各种各样的小工具，比如，小木棒、小积木等。

练习方式就是数字下面放对应数目的物体。在这个练习中我提供了一个教具，是一个里面设有若干格子的盒子，在每个小格子里都印着数字（图11）。孩子看到格子里的数字，就将相应数量的木钉放进格子里。还有另一种练习方式，就是将所有的数字卡片放在桌子上，然后在数字卡片上摆放相应数量的小物体。

上面的练习是学习的第一步，还没有涉及有关0、几十或者其他数字的运算，关于这部分课程我在其他作品中有详细描述，这里就不再赘述。关于盒子这个教具，有一个问题需要注意。盒子的一个格子里印着0，这个格子里什么都不能放，要从1开始。0在1旁边，可以让我们数完9后继续数10。

如果我们不使用相应数量的小物体，而是使用与木棒10一样长的工具，就可以进行10以上数字的学习，即10、20、30、40、50、60、70、80、90。还可以使用这样的教具（图12），有一个框架上面嵌有10～90的卡片，将其固定在框架上，数字1～9可以移动并且能将0盖住。例如，当数字10中的0被1盖住时，就变成了11，被2盖住就变成了12，等等。直到10中的0被数字9盖住，就会变成19。然后开始20的数字练习，0被1盖住变成21，被2盖住变成22，依次类推。

图10　砂纸数字卡片

图11　计数盒

图12　练习算术用的长方架

通过这个练习，孩子会获得清晰的头脑，并且在做练习的过程中，孩子会对数字学习表现出极大的兴趣和热情。

我们在教授孩子学习书写和算术的过程中，积累了大量的经验，获得了教育的成果，这个时候的教育就是让孩子协调肢体动作和初步认识世界。这种发展和成长是一个人第一次与世界进行智力对话的自然结果。

学会区分和比较

几何图形分析：边、角、中心、底面

几何图形分析并不适合于年龄非常小的孩子。我曾尝试过一些有关此类分析的入门课程，并将这种课程限定在长方形范围内，而且还使用了游戏的方式。在游戏中，孩子不需要注意到长方形就可以进行分析。同时，这种游戏能够更清楚地体现概念。

我所使用的长方形就是孩子餐桌的桌面，游戏就是为晚餐布置桌面。我有一套在每所“儿童之家”里面都有的玩具餐具，就像在每家玩具商店里面都能买到的一样。里面分别包括餐盘、汤盘、调味瓶、玻璃杯、小刀、叉子、汤匙等。我让孩子们按照6人用餐的标准布置餐桌，在餐桌较长的一边的每边放2个位子，在较短的一边放1个位子。一个孩子按照我的要求进行布置，我告诉孩子该把有盖汤盘放在桌子的中心位置，餐布放在一个角落上，并对他说：“把这个盘子放到桌子较短一边的中间。”

接下来我叫那个孩子看看桌子，孩子在观察的过程中，我说：“桌子角上还缺点儿什么，我们还需要在这一边放上一个玻璃杯。好，现在我们来看看桌子的长边上是不是所有东西都摆放好了呢？是不是桌子短边上的东西也都放好了呢？桌子的四角上是否还缺些什么东西呢？”

我觉得孩子在6岁以前，不能进行比这再复杂的过程了，我还相信总会有一天，孩子会自觉地拿起一个平面图形，然后开始数边和角的数目。我必须承认，如果我们教他们这种概念，他们的确可以学会，但那仅仅是一种公式的学习，不是可以应用的经验。

必须引导孩子的学习内容

给孩子们呈现一些真实的而不是平面的几何图形，这些图形会更加适合他们，比如，给他们提供一些立方体、半球体和棱柱体等。

我们每天所看到的大量物体，其呈现形式几乎可以说是平面化的。尽管门、窗户框、大理石或者木质的桌面，这些都是实在的物体——立体图形，但如果我们去掉其中的一个维度，只由两个维度来确定其平面的形状，那么图形就更加明显了。

当以平面图形来看待这些实体的时候，窗户是长方形的，桌子是正方形的……我们观察到的仅仅是实在物体平面化后的某一个平面，并且这种实物通过我们的平面化处理得到了更加清晰的展现。

儿童在他们所处的环境中能够经常认出来的形状，就是他们通过这种方式学会的形状，但是他们却很少能够认识实在物体的几何形状。

关于桌子的腿是棱柱体，或是截断的圆锥体，或是拉长的圆柱体的这种观念，孩子只能在观察到桌面是长方形以后的很长一段时间后，才能够认出来。因此，我们不能说房子是棱柱体或立方体。事实上，我们周围的普通事物中几乎没有绝对纯粹的几何形状，相反，它们一般都是由一些几何形状组合而成的。所以，孩子在认识一幢房子时，不是去认识房子的形状，毕竟一眼就看出房子的复杂形状这件事对他们来说实在太困难了，他们使用的是一种类比的方法。然而，孩子们可以非常准确地看出窗子和门的几何形状，以及家用物品的表面形状。因此，这种在平面几何中获得的图形知识，对儿童来说是一把有魔力的钥匙，可以帮助他们开启外部世界的大门，让孩子真实地感受到他们能了解其中的秘密。

有一天，我和一位小学生在山上散步，这位学生已经学过几何，能够理解平面几何图形。当我们登上最高处的平台时，站在平台上我们可以看到波波洛广场以及广场后面延伸的城市。我指着远方，说："看，所有人类的造物都呈现出几何图形。"事实也的确是这样的，每座建筑物的正面都被长方形、椭圆形、三角形和半圆形装饰着。这种在数量如此巨大的建筑物中的一致性，似乎证明了人类智力的局限性。而在邻近的花园中，各种灌木丛和花丛则表现了自然当中形状的无限性。

这个孩子从来没有进行过这样的观察，虽然他已经学过边、角和几何图形的轮廓构造，但从来没有在这之外进行过思考，他对书本上的几何图形一点儿也不感兴趣，只觉得很枯燥无味。一开始，他嘲笑人类把各种几何图形结合在一起的这种概念。接下来，在我的引导下，他渐渐有了兴趣，开始长时间注视着他面前的建筑物，脸上流露出很感兴趣的表情。孩子看到，在彭特·马格利塔的右边是正在建设中的工厂，钢铁框架构成了一个长方形。这个孩子说"这个真没意思"，他指的是那些建筑工人所从事的工作。然后，我们向平台附近的花园走过去，来到花园面前，静静地站在那里。孩子说"真美"，我想他是在羡慕花草自由的生长。但在我看来，"美"这个词指的是孩子内部灵魂的觉醒。

这次经历使我想到，在对平面几何图形进行观察时，在小花园中看那些花草的经历对孩子来说是一种宝贵的精神资源，同时也是一种智力教育。正是基于这个原因，我希望能够拓展我的研究，使得孩子们不但能够观察出形状，而且能够区分人类和自然的创作，去欣赏人类劳作的成果。

纪律性敏感期

纪律的习得与纪律感

孩子从小就要学会遵守纪律，因为纪律是个人在社会上生存的团队精神。无论是工作还是社会秩序，纪律都很重要。

任何人参观我们学校，都会对孩子们井然有序的纪律留下深刻印象。

这个班上有40个3～7岁的小家伙。在教学中，他们每个人都专心致志于自己的事情：

有的孩子在一个木头框架上给布系扣、解扣；

有的孩子在打扫灰尘；

有些孩子坐在桌边；

有些孩子坐在地板的地毯上；

有些孩子踮起脚尖走动，发出轻微移动的声音；

有的孩子正在进行一项感觉练习；

有的孩子在做算术题目；

有的孩子在玩字母；

有的孩子在画画；

有时候会有高兴的喊叫声，孩子急切地喊着：“老师！老师！看！看我做的！”

这些孩子完全沉浸于手中的事情，他们互不干扰。

与此同时，教师也在安静地走着，走到叫她的孩子身边，通过这种方式，任何需要她的人都能感到她就在身边，而不需要的人则根本注意不到她的存在。时间静静流逝，很快就过了几个小时。没有任何话语。

孩子都沉浸于“工作”的巨大兴趣中，他们没有为争抢物品而争吵。这些小家伙被誉为“小大人”，或者就好像“正在沉思的法官”。如果有哪个孩子非常好地完成了什么“工作”，那他的作品就是其他孩子快乐和羡慕的源泉。没有人嫉妒他人的财富，有的只是一个人的成功让其他人都高兴，这样才是真正的素质教育。

3岁的孩子在7岁的孩子身边，静静地“工作”着，就好像他满意于自己的身高，而不嫉妒大孩子的身高一样。这一切都在平静当中进行。孩子看上去都很高兴，并满足于自己所能做的事情，而感觉不到对其他人行为的任何嫉妒。如果出现变化，教师希望孩子们集合起来去做什么，举例来说，让孩子离开感兴趣的手头“工作”，教师所要做的，只不过是简单地用一种很低的腔调说话或做一个手势。这样，孩子们就会注意到来自教师的信息。他们都会用一种急切的目光看向教师，想要知道如何听从教师的命令。

这样的命令不是武断，而是亲切平等的，教师与孩子之间也是平等的关系。

不仅是教师，所有提出正当要求的人，只要是在尊重孩子的情况下，他们要求孩子做些什么时，都会对孩子所表现出的那种愉悦的服从感到震惊。经常有参观者希望听正在画画的小朋友唱歌，只要他们的要求是得体而礼貌的，这个孩子就会放下正在画的画，去唱歌给客人听。而在礼貌地表演完唱歌后，他们就会立刻去继续画画。不过有时候，一些小一点儿的孩子，会在服从命令前，先完成自己的“工作”，因为他们需要别人尊重他们的“工作”。

也许有人会认为：这些孩子是受到了压抑才表现成这样。

其实，事实胜于一切。只要看一看孩子是不是胆小怯懦；是不是幸福而自由；眼睛是不是明亮；对来访客人希望看他们作品这类请求是不是诚恳对待；接待访客和向访客解释事情时的态度；等等，就会知道事实并非如此。

这些幼小的心灵正在自由自在、无拘无束地生长，孩子是自己的主人。

这些孩子的行为很有条理，生活也在深化和拓展。这种纪律是孩子们进行艰苦练习后实现的，这不是依靠教师，而是依靠一系列发生在每个孩子内心世界的奇迹而实现的。这种纪律不可能通过命令、说教或任何普遍适用的纪律措施来实现。

纪律需要通过自觉“工作”来发展

大家都知道：依靠训诫和劝告来实现纪律，不会起作用。在一开始使用这种方法时，也许会有一定效果，但这样得到的纪律在遇到现实时很快就会化为泡影。的确如此，真正的纪律来自内心的爱，爱的光明来自对“工作”的倾心。

我们已经知道，在某一特定时刻，恰巧孩子正对一件“工作”非常投入，这可以从他的面部表情、注意力和对同样练习的坚持当中体现出来。这样，孩子就迈出了指向纪律的第一步。无论孩子正在做什么练习，系扣子或鞋带练习也好，洗盘子练习也好，感觉练习也好，他们都表现出纪律性。纪律并不是通过说教实现的，没有人“通过听其他人说教”就学会了自律。

静止不动，集中注意于远处低声传来的名字，接下来，认真协调好动作，不碰到桌椅，踮起脚尖来走路——这些都非常有效。同时，老师也可以施加一些影响，比如，重复“有关安静的课程”来使这种现象更持久。这些练习可以为个性、运动神经力量和心智的发展做准备。

一旦孩子形成“工作”习惯，老师就必须严格监督，练习要按照经验循序渐进。在努力建立良好纪律的过程中，老师必须严格应用方法原则。

纪律通常通过间接手段来实现，不通过指出错误改正，而通过自觉“工作”过程来发展。纪律需要一系列完善的动作做准备。这种“工作”可以让孩子变得有条理，在孩子个性无限发展的可能性面前打开广阔空间。

孩子的“工作”不能是随意的，因此老师的工作就需要非常精确。孩子的“工作”必须是人类本能渴望做的，必须是人类潜在的自然倾向指向的“工作”，必须是使个人一步一步前进的“工作”。

我们可以观察到，孩子所表现的自控缺乏主要是一种肌肉纪律的缺乏。孩子们总处于一种不协调的运动状态：摔倒在地，做出各种古怪的姿势，发出大喊大叫的声音。通过这些表现，要看到潜藏在深处的、一种寻求建立协调动作的趋势，以后协调动作会逐步建立起来。

年幼的孩子还不能协调使用身体不同的肌肉进行运动，但他们最终会建立起多种运动。在成长的过程里，孩子正处于一个充满错误的试误阶段，他们要努力实现潜藏在本能之下的目标。孩子的意识也还不清晰，需要经历经验积累的过程，然后才会走向协调。对一个孩子说“像我一样一动不动地站着”根本没有任何作用，命令也不能给处在进化中、想要建立起秩序的“个体心理—肌肉系统”以帮助，因为这是不切实际的命令。

有利于培养纪律感的动作

- 给孩子教授所有的协调动作，并尽可能分析这些动作，一步一步发展这些动作。
- 教会孩子安静。
- 教会孩子静止不动的不同程度。
- 教会孩子从椅子上面站起来或坐下的动作，走路，用脚尖走路，按照画在地上的一条直线行走，并保持平衡。
- 教给孩子移动物体，将物体小心放下。
- 教给孩子一些与穿衣服和脱衣服有关的复杂动作，比如，对系鞋带和扣扣子的动作进行分析总结。

对孩子进行教学时，要在孩子每一项练习中对整个动作的每一部分进行分析。静止不动和动作的完美连接是在“安静——别动——”这种习惯性命令当中产生的，但是老师的命令必须得体与恰到好处，孩子是通过这种练习学习自律的。而在此时，他们还缺乏对肌肉的控制。人们没有必要为此感到惊奇，这是很自然的事情。

孩子处在运动中，所以他们对自然情况就有反应。这种指向一定目的的运动，已不再呈现出无序，而会以“工作”的形式出现。这就形成了纪律，它代表通过努力可以实现的结果。

通过这种方式，学会自律的孩子，已不再是开始时的样子。那时，他们只知道如何被动成为好孩子。

“工作”通常可以突破年龄的限制，让个体不断完善自我，大步向前迈进，实现真正的自律。孩子也可以扩大自主的范围，不再需要身边总有人告诫他：“安静！做个好孩子！”这样做实际上混淆了两个相对的概念：孩子所达到的安静和完善并不能被归结为懒惰，这种安静完全建立在行动的基础上，是动作的结果。

事实上，我们说的完善人，指的是那些向着完善不断迈进的人。这种完善是由他们自身的自我发展和有序的外部行为构成的。这样的孩子是有真正素质的孩子。他们不是只听大人命令、专门听话的工具。在孩子的学习与锻炼中，外部行为是刺激内部发展的一种方式。这两种要素紧密交织在一起，就让“工作”发展了孩子的精神性。

在学习和游戏中，拥有更深精神发展层次的孩子则会做得更好。而当孩子将“工作”做得更好时，他们会更加高兴，更愿意继续发展精神性，这都是良性循环的实例。

习得纪律的好处

孩子不但学会了运动和有用的动作，还掌握了一种优雅的姿态。这时，他们对自己更有信心，双手更美丽，姿态更富吸引力，整个身体更平衡。孩子学会了一种雅致，他们的眼睛变得更加真诚明亮、面部表情更加优美，精神生活的火种在孩子身上更加明亮。

很明显，协调的动作要比无序的动作省力得多。这些却是一点一点自发发展而来的，并由孩子自己选择的练习来执行。

■ 当孩子只以一种无序、割裂的方式运动时，他们的神经力量就将处于紧张中，而得不到休息安静。

▢当孩子通过智慧进行运动时，他们的神经力量就会不断增长扩大，会获得一种真正的满足感，还有征服自我的骄傲感。

经过上述过程，孩子会发现自己超越了不可逾越的障碍。在他们周围，有一些指引他们的神秘力量。这是什么呢？可以称之为积极的智慧，来自别人有益的经验。这些都可以融合并应用到孩子的身上。

缺乏纪律性造成的异常

我们将讨论3类缺乏纪律性造成的异常，并简单地描述它们的特征。

★ 第一类：自主行动异常

这种类型常表现为动作不和谐或统合失调。有些行为笨拙的孩子或许还会做出具有其他特征的举动，比如，举止无礼，行动时有前冲或旋转的动作，常常大声喊叫，等等。可是对于诊断来说，这些行为没有多大价值。通过训练，我们能够让儿童的早期运动行为协调起来，使他们的自主行动异常情况相应地减少。教育者不需要一一去纠正在儿童正常发展过程中出现的各种失调表现，只需为儿童提供一种有趣的形式或者方法，使儿童能够正常发展协调运动就可以了。

★ 第二类：无法将注意力集中在某个物体上

这样的儿童常常喜欢玩石块或者树叶之类的东西，而且爱跟这些东西说话。他们总是进行一些空想。他们长大以后，想象力更会天马行空。然而，他们的大脑越偏离正常的功能，他们就越会感到疲劳，最后甚至会被想象所俘虏。

不幸的是，很多人却觉得这种影响个性发展的空想能够促进心理的发展，认为这是具有创造性的想象力。实际上并不是这样的。对于儿童来说，这种想象力就是石头、树叶，除此之外什么都不是。

人的精神世界是在可以同外界和谐相处的完整人格的基础上建立起来的。空想远离我们的现实世界，这种发展状态并不是正常的状态。空想会导致错误想法的产生，也不能让我们的思想和谐起来。人应该去关注现实的事物，空想却会对人类关注现实事物产生一定的影响。我们可以这样说，空想就是精神依赖的器官的一种萎缩。或许教育者可以通过某种方法把儿童的注意力吸引到具体的实物上，比如，让孩子去摆桌子，但这些方法都起不到什么实际的作用。消除这种不良症状的最好方法就是帮助孩子进行协调的运动，使他们把注意力集中在现实的世界。

我们无须一一去纠正儿童的各种不良症状，当儿童可以把注意力集中在某个事物上的时候，他们就能够渐渐地恢复健康，各种功能也会渐渐地正常发挥出来。

★ 第三类：模仿的倾向

第三种类型跟另外两种类型联系非常紧密，而且这种倾向更加具有现实意义。它是人类的一种根本性的弱点，是一种心理的退化形式。因为儿童还没有形成相应的能力，他们只能在行为中去模仿别人。这种模仿不是儿童的正常发展，对儿童的提高没有任何的帮助，只会让儿童走下坡路。这时候，儿童就如同没有帆的船一样只能随波逐流。

一个孩子可能会做错事或者大吵大闹，比如，他会躺在地板上又笑又叫，其他的孩子也可能学他的样子，甚至表现得更严重。这样的行为将在儿童群体中传播，更有甚者还会传播到这个群体之外。这种“群体本能”将会让大量的儿童出现反常的表现，做出违背社会常规的举动。这样的模仿行为会将个体的缺陷传给其他人，从而造成整体的退化。这样的退化越严重，我们就越难将儿童拉回正轨。可是，当我们把儿童拉到正轨上来时，那些不良的表征就会随之消失。

尊重儿童纪律性的发展

孩子们总是难以认真持续关注一种物品，他们总是摆弄完一种物品后就又去摆弄其他物品。对于每种物品，他们都只是摆弄一次。没有一种物品可以激起他们持久的兴趣，并使他们得以发展自身的能力，他们的个性也无法获得锻炼。不停地变换关注点让儿童就像花朵间的蜜蜂一样穿梭着，他们却找不到一朵令他们满意的花可以让他们采到蜜，这种变换无法给儿童的心理带来和谐。如果儿童内心那种强大的、促使他们性格和心理发育的本能行为没有觉醒，儿童就不可能进行工作。

老师会因为这种不稳定局面的出现而感到工作特别难做。他无奈地穿梭在孩子们的中间，同时把自己的焦虑传递给了孩子们。很多对此感到厌烦的孩子会在老师转身之后胡乱地摆弄那些物品。老师待在一个孩子身边的时候，另一个孩子又会出问题。道德和智力始终没有发展，它们仍然在等待有人去开发。

这种纪律性是非常脆弱的。为了不造成无序的状况，老师就一直处在紧张的状态中。很多老师训练不够、经验不足，他们对“新来的儿童”寄予了很大的期望，也做了不少的工作，可是收到的效果不明显。结果，他们就得无奈地承认，这种紧张的状态对儿童没有丝毫的好处，对老师更是一种折磨。

老师必须了解儿童的这种情况。这些儿童的心理处在转型的时期，而他们的发展大门还没有打开，这些孩子还徘徊在门外。其实，我们也几乎看不到他们有什么发展。这种情况更像是混乱而不是有序。在这种情况下，儿童不可能完美地完成工作。他们基本可以进行协调的运动，可是缺少力量与美感，而且表现不稳定。这些孩子的状态仿佛是大病初愈。这是孩子发展过程中的一个关键阶段，老师必须发挥出两种不同的功能：对他们进行监督、对他们逐个地进行教育。老师一定要逐个地去教授孩子每种物品的使用方法。老师为孩子提供帮助有两种主要的方法，就是对班级进行全面的监督和个别性的指导。

在这个阶段，老师一定要记住：

- 不要背对着其他的孩子去单独指导某个孩子。
- 一定要保证自己存在于这些迷茫的孩子面前。
- 老师应当逐个地去指导学生，这种指导要通过一种特别亲密的方式进行，否则就无法打动儿童的心。

总有一天，这些孩子的小小心灵将觉醒，他们手中的物件能够引起他们的兴趣，他们不停地重复使用这个物品，他们的注意力也得以集中，他们的手工技能也会有所提高。这种积极、满足的状态说明，儿童的心理迈进了一个崭新的阶段。

社会秩序敏感期

社会秩序的培养

向儿童提供过多的物品，会造成他们的混乱。因此，即使有许多儿童，我们也只提供一小部分物品。

我们为儿童提供的所有东西都只有一个。如果一个孩子正在使用这个东西，其他的孩子就必须等待。这可以让孩子养成一种重要的品格。孩子们会明白，他们必须重复其他人的工作。这样做不是由于他人的要求，而是由于他们的日常生活经验要求他们这样做。因为每一样东西都只有一个，所以他们必须等到别人用完之后才能使用。这样的事情每一天、每一年都在发生，它会逐渐成为儿童的生活习惯。

这种重复、等待有助于加快儿童的成熟，这样儿童才能逐渐适应社会。社会不可能完全按照我们希望的方式运行。它是一个各种行为协调运转的整体。通过协调这些行为，儿童形成了另一种优秀的品质——耐心。拥有了这种优秀的品质，其他的性格特征也会自然而然地形成。

仅仅依靠教育，我们是无法让一个4岁的儿童具有这样的品质的。这些品质是以儿童自身的经验为基础形成的。正是由于其他的条件是无法促使儿童正常发展的，所以我们看到世界各地的儿童都会为得到自己想要的东西而争抢。当他们看到我们的孩子是如此有耐心时，他们都感到非常吃惊。有些人会问："你们是怎么让这些小家伙这么懂事的？他们怎么这么听话？"这些都不是我们教育的结果。由于我们精心为孩子构建环境，给予他们自由，才使他们具有这样的品质。生活在这样的环境中，儿童之前不具备的品质逐渐显现出来了。

在儿童准备进入社会生活时，成人如果对他们进行干涉，可能会妨碍儿童发展。当孩子们排成一队向前走时，如果有一个孩子跑出队向相反的方向走，矛盾就会不可避免地出现。按照成人的想法，我们总想把孩子抓住，带回到原来的队伍中。但是，儿童能够自己照顾自己，自己解决自己的问题。虽然每个儿童采用的方式可能与别人不同，但这种方式是最能够满足其自身需求的。

在儿童发展的各个阶段，他们都会遇到这样的问题。这样做能给儿童带来极大的快乐。如果成人对他们进行干涉，会让他们感到不愉快。如果我们让儿童自由选择，他们会按照自己的行为方式做事。

儿童就是通过这样做来获得社会经验的。这种经验的累积有助于儿童正确处理他们所面临的问题。

教育者是无法帮助儿童做到这一点的。相反，他们还会经常干涉儿童。由于成人的想法与儿童的想法完全不同，他们也打扰了整个儿童群体的和谐。除了一些特殊情况外，我们应该让儿童自己解决这样的问题。我们应该客观地研究儿童的行为，因为我们对儿童行为的了解还远远不够。社会秩序正是在这些日常经验的基础上形成的。

社会的真正秘密

如果我们只在旁边观察，不去打扰儿童，就会发现一些奇怪的现象——孩子们互相帮助的方式与成人不一样。如果一个孩子拿起了一个很重的东西，别的孩子是不会来帮助他的。他们都会尊重这个孩子的努力。只有在必要的情况下，孩子们才会向别人提供帮助。这对我们来说具有很重要的启示意义。这说明儿童在潜意识里对他人的需求非常尊重，不会给予他人不必要的帮助。

有一次，一个孩子把约100件木质几何图形和卡片打翻了。这时，教室窗外的街道上走过来一支乐队，所有的孩子都跑过去看，只有这个孩子没有去，因为他要把打翻的东西收拾好。他努力地收拾着，其他人都没有要给他提供帮助的意思。这时，这个孩子哭了起来，因为他也很想去看乐队。有些孩子注意到了他，就回来帮助他把打翻的东西收拾好。

当紧急情况发生时，成人就没有这样的辨别能力。在很多情况下，成人提供的帮助都是不必要的。我们经常能够看见男士出于礼貌为女士拉出餐椅或扶女士下楼梯。这些帮助都不是女士真正需要的。当人们真正有需要时，情况可能就会完全不同了。当人们急需帮助时，可能没有人会给他们提供帮助，但当他们不需要帮助时，帮助却可能来了。因此，儿童是无法从成人身上学到任何东西的。我认为儿童在潜意识中留下了一些早期的记忆，那就是只在必要的时候才向他人提供帮助。

儿童对待打乱课堂秩序的人的方式也很有趣。假设班级里有一个新来的孩子，他还没有完全适应课堂环境，总是坐不住，并且总要做一些打扰别人的事情。

✗ **老师的做法：**老师通常会说：“不要这样，你这样做不好。”或“你真是个淘气的孩子。”

✓ **孩子的做法：**孩子的反应可能会与老师的反应完全不同。他们会走到新来的孩子面前，对他说：“你真淘气，但是不要担心，我们刚来的时候也是这样的。”

孩子们知道新来的这个孩子的行为是错误的。但是，他们不会把他的行为看作故意的，并会努力安慰他，希望唤醒这个孩子的优秀品质。

如果我们能够充满爱心地抚慰那些缺乏道德的人，如果我们能够耐心地教育罪犯，那么这个世界将变得多么美好！要知道，那些缺乏道德的行为通常都有病理上的原因，也许是由不良的家庭环境引起的，也许是由出生时的不良影响因素引起的。我们应该充满同情心地对待这些人，为他们提供帮助，这样才能起到净化社会的作用。

如果儿童做错了事情：

孩子打碎了一个花瓶，他们会感觉十分难堪。他们不会因为破坏东西而感到快乐，只会因为没有保护好东西而感到羞愧。

✗ **父母的做法：**父母本能的反应可能是大喊一声：“你打坏了花瓶！我告诉你多少次了不要碰它！”最起码，父母也会让孩子把碎片捡起来，以便让他们记住这个错误。

✓ **孩子的做法：**孩子们看到这种情况的反应又是什么呢？他们可能会跑过来帮忙，用他们稚嫩的声音鼓励这个做错事的孩子：“没关系的，我们可以再找一个花瓶。”然后大家一起将碎片捡起来。有的孩子还会帮忙擦干净地上的水。

儿童具有帮助、鼓励、安慰弱者的本能。他们的这种本能有助于促进社会的发展。事实上，人类最大的进步就是帮助穷苦、弱小的人，而不是去压迫他们。

医学就是在这个原则的基础上发展起来的。医学不仅仅帮助弱者，而且还帮助了人类自己。鼓励和帮助弱者并不是一件坏事，能够促进整个社会的发展。年幼的儿童就已经具有了这些品质。他们的鼓励和帮助不仅体现在对待弱者的方式上，也体现在对待动物的方式上。

通常人们都认为，如果不对儿童进行教育，他们是不会尊重动物的。这是因为我们总是认为儿童生来就是残忍的、没有感情的，但是这种想法是错误的。一个正常的儿童是有保护动物的倾向的。

在荷兰的拉伦，我于1939年建立了一所心理教育研究中心和一所实验学校。

在学校里，我养了一只山羊，每天都会给它喂食。每次喂食时，我总是把食物高高地抬起，让山羊抬起前腿取食。我发现山羊渐渐习惯了这个姿势，并且还有些乐在其中。有一天，一个孩子跑了过来，他把手放到了山羊的肚子下面帮助它站立。这个孩子脸上的表情告诉我，他是在帮助山羊，他觉得山羊用两条腿站立太累了。这个孩子的行为是一种善良的自然流露。

在我们的学校里也可以看到一些不寻常的事情，就是孩子们对强者的尊敬。这些孩子不但没有嫉妒，他们还会对有能力的孩子给予热情的赞扬。

这种情况会发生在孩子学会写字的时候。

一个孩子第一个学会了写单词。这让其他孩子也感到非常高兴。每一个孩子都用崇敬的目光看着第一个写出单词的孩子。其他人也会努力地学习，并且对自己说："我也能写。"一个孩子的成就激起了一群孩子的热情。在学写字母的时候也是这样，你会看到一群孩子举着自己写的东西让老师看。这些孩子表现得异常高兴，他们的喊声是那么大，把楼下的人（我们的学校在顶楼上）都吸引了上来，想看个究竟。我们的老师不得不对这些人解释："孩子们正在学习写字母，他们非常高兴。"

儿童之间产生了一种明显的团队意识。这种团队意识是以一种高尚的情感为基础的，并且可以促进集体的团结。这个例子清楚地告诉我们，在儿童的情感达到一个较高的层次时，在他们的个性正常发展时，他们就会感受到一种吸引力。年龄大的孩子善待年龄小的孩子就是这一情况的具体体现。正常发展的孩子对待新来的孩子的方式，以及他们对待已经适应环境的孩子的方式，都是这种情况的具体体现。

控制错误

如果说有什么东西能对我们的性格形成起到决定性的作用，那就是自我改正错误的能力。如果我们没有掌握这种能力，就会变得自卑、缺乏自信。

这里所说的“控制错误”能够指明我们的方向是正确的还是错误的。这就像我们要去一个城市，比如艾哈迈德巴德，但不熟悉道路。这种情况在我们的日常生活中时有发生。这时，为了保险起见，我们会查看地图或寻找路标。如果我们看见一个路标上写着“艾哈迈德巴德——2公里”就会放心，因为知道走对路了；但是如果看见路标上写着“孟买——50公里”，我们就会知道自己走错路了。地图和路标都能够为我们提供帮助，如果没有地图和路标，我们只能靠问路寻找正确的途径，而得到的往往可能是截然不同的回答。拥有可靠的方向指示是我们到达目的地必不可少的条件。

我们为孩子准备了一些高度相同、直径不同的套杯。每一个套杯都恰好能套上比它直径小一点儿的套杯。孩子在玩这一游戏时可以学会：

- 认识到所有的套杯都是不同的。
- 运用拇指和其他手指协作才能抓住套杯的顶部，将它拿起来，套在另一个套杯上。

在玩的过程中，他们可能会发现自己犯了一个错误——到最后，手里剩下的套杯太大了，无法继续套进眼前的套杯内，而之前的某个套杯可能比它套住的那一个大很多，它们之间的空隙很大，显得很松。这时，孩子会重新进行检查，仔细研究，努力解决眼前的问题。

这个剩下的套杯表明他在之前犯下了一个错误，而恰恰就是这种错误能引起孩子的兴趣，他会不停地重复这样的游戏。

这种游戏对儿童有两个好处：

- 提高儿童的理解力。
- 让儿童对自己的错误进行有效的控制。

儿童的玩具要能将儿童是否犯了错误直观地表现出来。孩子在使用这些玩具时，可以很快地意识到自己所犯的错误，想到改正错误的方法，这样才能使孩子在活动中不断完善自己、发展自己。

让儿童自由地活动，并不是要让他们觉得自己已经是完美的了，而是要让他们在自由的活动中认识自己能力的不足，这样才能激励儿童拥有一种努力工作的愿望。这样的儿童可能会说："我并不完美也并非无所不能，我也会犯错误，但我知道自己能做什么事情——我能够自己改正错误。"

养成这种严谨、自信的品格将使孩子受益终生。但是这种习惯并不像我们想象中那样容易获得，因为把儿童引上逐步完善的道路不是一件很容易的事。如果我们仅仅告诉一个人，他是勤劳还是懒惰，是聪明还是愚蠢，是好还是坏，只能适得其反。儿童需要知道自己适合做什么工作。我们不仅应该对他们进行教育，还应该给他们创造了解自己错误的机会。

长期接受这种教育的孩子会有什么表现?

孩子会在算数学题得出结果之后，对结果进行检查，这已经成为他们的习惯。而检查结果这个习惯比结果本身对孩子更具有吸引力。

有一种练习：让孩子将写有名字的卡片放到相应的物品下面，孩子们会通过各种方法反复对结果进行检查，他们可以在发现错误的过程中获得极大的快乐。

在我们学校的日常生活中，老师们经常会设计一些显而易见的错误，因为这样会使儿童逐步学会自己发现错误、改正错误，达到完善自己的目标。儿童也有追求准确和完美的天性，在追求完美的过程中，儿童会不断地检查自己的行为和习惯，这对保障儿童的发展具有非常重要的作用。

有一次，一个小女孩在做“按命令行事”游戏时读到这样一句话：“到外面去，关上门，然后回来。”女孩仔细地研究了这句话，然后依照命令行动了起来。在还没有完成动作时，她就跑回来问老师：“如果我把门关上了，我怎么回来呀？”

老师听后对女孩说：“你说得对，这是我的错。”于是老师改正了“命令”。

女孩看到了新的命令说：“好，现在我可以完成了。”

在这里，“犯错”成了一件有趣的事情，成了人与人之间的纽带，促成成人与儿童之间的和谐。错误把人们分开，但改正错误又把人们重新拉到了一起。发现错误并改正错误会成为人们的兴趣所在，儿童不会因为在成人身上发现错误而对成人不尊敬，成人也不会由此而失去尊严。错误并不是一个私人问题，每个人都有责任纠正错误。

小事情正是通过这样的方式变得伟大起来。

第七章
5～6岁儿童的敏感期

阅读敏感期

书写在阅读前面

有时孩子已经能够书写，却还无法阅读。这听起来有些荒谬，其实不然。大部分人都认为，孩子应该先会读然后才会写，而我们的教育方法是：先让孩子知道每个字母都对应一个发音，然后根据字母的读音用活动的字母将单词拼出来，这种将字母与读音结合起来的教学方式在孩子的敏感期特别有效果。随着能力的不断增强，孩子能用“手”书写表达，而不再只会用“口”来说话表达了，可他们仍然不能阅读。我原来认为孩子不能阅读的原因是他们无法辨认印刷体。正当我想解决这一问题时，发现孩子突然会自己阅读了。之所以会发生这样的变化，是由于孩子在进行了5个月的拼字训练之后，心中充满了对知识的渴望和对单词意义的求知欲。孩子的这种行为方式，就像考古学家研究史前文化一样，对未知的符号进行研究、分析，希望找出其中的意义。孩子对单词意义探求的激情在胸中燃烧，父母甚至抱怨，一家人在散步时，孩子总是要停下来拼读店外的招牌或广告。到孩子6岁的时候，差不多就能阅读整本故事书了。

教学要让3～6岁的孩子清晰区分书写和阅读，因为这两种动作并不绝对同步。

在“儿童之家”，与普遍接受的观念相反，书写一般位于阅读前面。

孩子检查自己刚刚写出来的单词，不是一种阅读。在此他只不过将符号转换成声音，就像一开始书写时，将声音转换成符号一样。

阅读是从书写符号中解释概念。在进行这种解释之前，孩子应该已经认识了单词，并在书写时不断重复。

单词阅读和书面语言的关系与听单词和口头语言的关系相同。阅读与书写都是为了接收他人传送给我们的语言信息。孩子并没有听到单词发音，只有当这个单词放在桌上，用字母拼写出来，孩子能够认识并且说出单词的含义时，这才是阅读。所以，只有当孩子能从书面语言中理解概念时，才能说他学会了阅读。

对于儿童教育而言，书写是一种运动神经占主导地位的动作，而阅读则是一种纯粹智力性的工作。“儿童之家”对于书写的教学方法，为孩子的阅读做了准备。

在学校，如果孩子知道进行书写，也就知道读出单词发音。我注意到当孩子用字母组合出单词或写出单词时，他必须有时间思考选择哪些符号来组成这个单词。

摆出一个单词给知道如何书写的孩子，让他通过阅读对单词进行解释，他就会很长时间没有声音，接下来，以一种和书写一样缓慢的速度来读出构成这个单词的发音。只有当清晰念出、用语言学的方式来读出这个单词时，对于单词的感觉才变得明确。孩子必须认识这个单词，必须知道这个单词的音调，这是为了确定单词的含义。

★ 把看到的音节读出来

当儿童想要进行阅读时，成人对这种高级智力工作进行干预，就显得十分必要了。

“儿童之家”在引导孩子进行阅读练习时，会采用如下方式：

（1）完全抛弃旧式启蒙读物。

（2）用普通书写纸做一些小卡片，在每一张卡片上都写上一个大而清晰的单词（图13）。

图13　单词卡片

这些单词，孩子们已经说过许多遍，而单词所代表的物体，也都是实际存在或者是孩子们非常熟悉的事物。

为了使孩子对一个单词的含义有更加直观的认识，就将这个单词所指代的物体放到孩子眼前。单词卡上所写的物体绝大多数是“儿童之家”的玩具，包括洋娃娃和它的房子、羊群、各种动物、玩具士兵、球、树木、铁路和各种简单图形等。

为了使儿童尽早了解书写符号的概念，要将练习与语言的发展过程联系起来。书写能够纠正、指引和完善儿童的口头语言机制，也能够促进儿童生理语言的发展，而阅读则对孩子社会语言的形成起作用。

因此，“儿童之家”的老师先安排孩子从名词开始，读出熟悉物体的名字。

这么做的前提是，孩子们已经知道怎样去读任何一个单词，已经知道怎样读出组成单词的音节，无论这个单词的构成是否复杂。

例如，一个小孩子慢慢将书面单词转换成声音，但他转换得并不准确。这时一定要注意，老师不能说“快一点儿”。孩子在读第二遍时，因为之前读过一遍，就会快一些，但还是经常无法理解含义。这时老师可以适度地说：“快一点儿，快一点儿。”

那么，由于重复而不断地熟悉，孩子每读一次就比前一次更快，重复着相同发音，最终这个单词进入了孩子的意识深处。此时的孩子，就像认出了一位老朋友一样，看着这个单词，表现出满足感。这就完成了关于阅读的练习。

对于这种练习，孩子进行得非常快，因为在这之前孩子们已经进行过充分的书写练习了。从“儿童之家”的教育结果看来，将那些单调愚蠢的启蒙读物和无用的抄写本抛弃，对孩子学习阅读和书写极为有利。

书写与阅读练习

★ 教具能帮助孩子为书写做好准备

孩子可以根据在教具练习中获得的体验来观察身边的环境，并将观察到的内容按照一定的类别有序地印在自己的大脑中。孩子对这一过程兴趣盎然，会很乐意对所接触的事物进行分类，并最终在大脑中形成大量有序的精神内容。之后，孩子就能运用准确的词语来确定大脑印象中物体的概念，这些概念不是指单个物体，而是一种次序、一种分类。

这些孩子能够在很短的时间内，有的孩子甚至在几天内就学会写字和初步的运算。很多人都不相信孩子天生具备这些能力。当然，我们并没有把学习书写的教具在孩子还没有准备好的情况下直接“扔”给他们，然后就坐在那里等待孩子创造奇迹。事实上，孩子的意识和手部能力已经做好了书写的准备，也做好了运算的准备——关于数量、差别和等级等概念已经在孩子头脑中成熟。

我们已经发现，词语有明确概念和促进人们对事物的基础理解的作用。而写字和算术可以使内在意识的复杂收获更明确，且随着观察的不断进行，这些收获也将不断增多。

有人认为，早教最基本的作用是培养孩子学习能力的第一步，即为学习写、读和计数做好准备。做好了准备，知识就自然而然地能被孩子所接受，也就是说，知识是准备的自然产物。

孩子的小手已经为书写进行了长期的准备。我为他们准备的很多练习，都需要孩子的手和脑共同配合，这是手在为以后的工作做准备。当孩子的小手能够稍稍停留在一个水平面以感受表面的粗糙和光滑，或者拿起圆柱体准确地将它放入插孔，又或者用手指触摸几何图形的轮廓，都是孩子在协调自己的手部动作，为以后的工作做准备。当孩子做好了准备，他们就会非常急迫地想要学习新本领——用自己的双手进行书写。

我们有两套截然不同的练习来让孩子为书写做准备。我观察和分析了关于书写的运动，并创制了这两套练习。我发现，在书写时，有些动作是在控制书写工具，这种动作带有一定的个人特点，因此我们可以通过笔迹鉴别一个人。在一些医疗案例中，医生就是根据病人的笔迹变化来观察和了解病人神经系统的病变的。也就是说，专家可以从一个人的笔迹来了解他的精神状态。书写的另一个特征，就是运用字母符号系统。书写包括这两方面的内容，因此，可以专门针对这两方面内容进行练习。

★ 控制书写工具的练习

这个练习的教具是两块浅槽木板，每块木板上面立着5个粉色的方形金属框架，金属框架的手柄上都有一个圆顶小把手，每个金属框架上还有一个蓝色的几何图形。

与这套教具配合使用的有：一盒10支的水彩笔，一本经过我5年观察而制作的图案书。

我对这套教具划分了难度等级，可以根据孩子的不同情况、不同阶段来使用这套教具。

准备工作：将两块浅槽木板并排摆放在一起，每个浅槽上有5块方形金属插片，即总共10块插片（图14）。给每个孩子发一张白纸和一盒彩笔，让孩子从摆放得像一条线的10块插片中选择其中的1块，然后进行下面的练习。

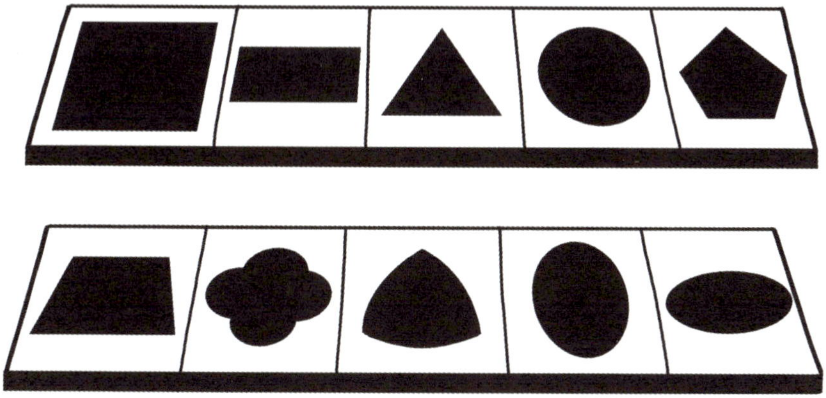

图14　带有金属插片的浅槽板

练习1

孩子将金属插片放在白纸上，一只手压紧，另一只手握着彩笔沿着几何图形的内缘轮廓进行描画。描完之后把方形金属插片拿起，孩子就会发现白纸上有一个封闭的几何图形，如三角形、圆形或者六边形等图形。这个练习并不能说是一个全新的练习，因为孩子在用手触摸木制几何图形轮廓时已经操作过这一过程了。与之前不同的是，孩子不再是用手指进行触摸，而是用水彩笔这个工具来描画几何图形的轮廓。实际上，孩子是通过水彩笔这个工具将自己手部的运动轨迹留在了白纸上。

对孩子们而言，这个练习相对容易，也很让他们感兴趣，他们画完一个图形轮廓就会立即将蓝色金属片放在上面。当孩子把几何图形放在画好的轮廓上时，会用另一种颜色的画笔沿着蓝色几何图形的轮廓进行描画。

拿起蓝色几何图形金属片之后，孩子就会发现纸上有一个由两种不同颜色的轮廓描绘而成的几何图形。当孩子精心挑选彩笔颜色来描绘时就会出现很好的效果，这对经过了感知色彩练习的孩子而言是一个非常有趣的过程。

我们似乎没有这么大的必要来如此详细地介绍这个练习的过程，但事实上，这个练习的每个环节都非常重要。打个比方，如果老师没有将10块金属插片完全地展示在孩子们面前，而是随意地分发给孩子，那么这个练习的效果将会大打折扣。而且，将所有的金属插片全部展示给孩子时，孩子就会有将所有几何图形都描画一遍的欲望。

两种不同颜色的图形轮廓激起了孩子想看看其他颜色组合的兴趣，使得孩子继续这个练习。这项练习因物品和色彩的多样性深深吸引着孩子进行操作，也成为促使孩子取得成功的重要原因之一。

练习2

当孩子完成两种颜色的轮廓描绘时，他要再拿起一支写字用的铅笔，在几何图形轮廓里点点画画，直到将轮廓里的空间全都填满。这时，孩子就会发现，纸上那个被填画的图形与之前木制插片练习中3组卡片的第1组非常相似。刚开始填画时，孩子的小手还不能很好地控制，显得有些笨拙，线条时而粗时而细，线条之间也不平行，而且有时还会描画到图形轮廓之外。在经过一段时间的练习后，孩子们的描画能力有了很大提高，已经能将线条描画在几何图形轮廓之内，而且线条也变细了些，不再一条粗一条细，而是画得均匀规整。

孩子一旦开始这个练习，就会有一种不停继续下去的冲动，好像对这种描画图形轮廓和填画图形的练习永远不会产生厌烦情绪似的。没多长时间，我们就会发现每个孩子都拥有了数量不少的图画作品。孩子们非常重视这些作品，把它们都珍藏在自己的小抽屉里。他们通过这个练习协调自己的书写动作，使自己能自如地控制手中的笔。如果没有经过一个练习过程就让孩子进行书写的话，他们就会像刚开始填画图形那样，线条画得歪歪扭扭，并且把书写变成一件艰难枯燥的事。

这项练习到了这个阶段还是比较粗糙且不完整的。

练习3

现在，孩子需要对图册中特定的图形进行填画练习。先按照原本的顺序将书页一张一张地从图册上撕下来，让孩子选择彩色铅笔填画这些特定的图样。对颜色的选择也体现了一种智慧，孩子因此需要做更多工作：精心挑选颜色，将各种不同深浅的颜色和谐地搭配在一起，并享受着过程中的乐趣。我们看到这些孩子与那些没有受过教育和练习，没有良好学习和练习环境，或者是接受着简单粗暴教育的孩子完全不同。

必须指出的是，色彩感知教育对孩子的成长发育有着非常重要的作用，它能让孩子拥有一种整洁、优雅的书写字体。填画图形轮廓的练习在许多方面限制着孩子描画时每一笔的长度。孩子要填画平面图形，无论是大的还是小的，无论是花朵还是叶子，无论是可爱的动物还是美丽的风景，图画上的每个细小空间都必须被填满。这样的练习提升了孩子的手部能力，使孩子不仅能胜任日常生活的各种活动，还能在各种限制条件下进行活动。

这个练习可以让孩子为书写各种字体做准备，无论是写大写还是小写，无论是写在黑板上的宽格、窄格还是大孩子使用的小格子练习册上，孩子都能书写得很好。

孩子进行填画练习的数量并没有限制。孩子会拿着另一种颜色的铅笔去填画已经填画过的图形轮廓。让这种练习继续深入下去的方法就是要进行难度更大的色彩感知训练。在接下来的训练中，孩子们需要用水彩来描画同样的图样。在这之后，孩子们还可以将各种颜色混在一起，用两种或多种颜色调制出自然的，或者孩子自己期望得到的那种色彩。更深入的色彩感知练习我在这里就不再详细叙述了。

★ 识认和书写字母的练习

为了进行这项练习，我也制作了一套教具，是一系列的字母符号。做练习时，我们需要一组有着一层光滑表面纸片的卡片，卡片上贴着用砂纸制成的字母符号（图15）。还有一种是一张大卡片，这张大卡片上有形状相似的字母成组地贴在一起。

孩子们必须像真正写字那样用手指去触摸卡片上砂纸制成的字母符号，就像之前触摸木制插片那样，用食指和中指的指尖轻轻触摸那些字母符号。在触摸字母符号时，孩子们要像细心感受粗糙和光滑表面时那样，将手稍稍抬起来。老师可以示范这项触摸练习给孩子看，教孩子如何进行这

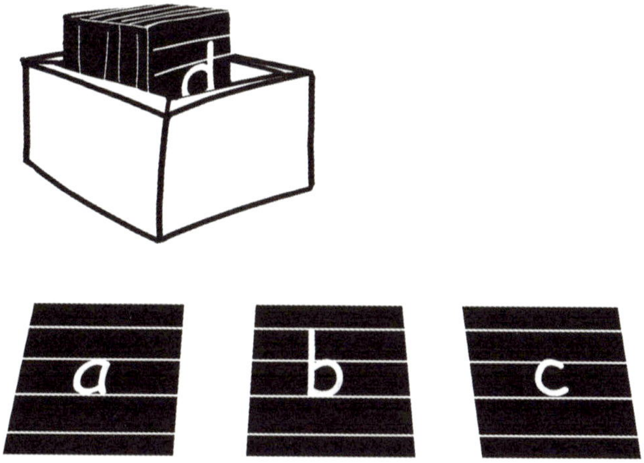

图15　单张砂纸字母卡片

个练习。孩子之前已经做过了触摸木制插片的练习，因此可以轻松地学习、模仿老师的动作。如果没有经过之前的练习，孩子的手很可能无法精确地描绘出那些字母符号。更重要的是，如果孩子没有之前的触摸练习基础，没有进行手部的运动神经训练，就直接进行写字练习，很容易产生紧张的情绪。因此，孩子在进行书写之前应当做一些相关练习，做好准备工作，这是非常重要的事情。

触摸砂纸制成的字母符号给孩子带来了极大的乐趣。当孩子触摸字母的时候，老师会读出字母的读音，继续运用之前用过的三阶段方法教授。

第一阶段：老师拿出元音字母i和o的卡片。当孩子在细心感受、认真触摸这两张字母卡片的时候，老师念出它们的读音并重复发声：

i，i，i

o，o，o

然后，对着孩子说：“请把字母i给我。”“请把字母o给我。”

第二阶段：老师可以拿起字母卡片问孩子“这是什么字母”，孩子会回答“i”或者“o”。老师就是运用这样的方法教孩子们认全字母的。

老师教孩子学习辅音字母时，先不教字母的名字，只教孩子发音。孩子们一次又一次地触摸字母符号，无论是小卡片上单独的字母还是大卡片上几个贴在一起的字母，都要进行触摸。经过这样的练习，孩子已经对书写字母符号的基本动作十分熟练了，而且也能够记住字母的直观形象。

这一练习使得孩子不仅为书写做好了准备，同时也为阅读做好了准备。因为孩子在触摸字母时，感受着字母的外形和书写字母的相关运动，同时孩子用眼睛观察这些字母时也是在识别、阅读字母。

第三阶段：孩子已经为书写进行了必要的准备工作，接下来可以书写了。到达这个阶段是孩子在长期练习之后内在形成的结果，孩子自己是根本意识不到的。因此，当孩子进行书写的时候，对孩子而言是一个极大的惊喜——为自己不知在什么时候获得了这种能力而惊喜。

★ 识认单词

练习书写就需要识认单词。我在这里提供一种教具，是一组可以活动的字母。

这些可以活动的字母用粉色和蓝色的纸板剪裁而成，放在一种有隔间的特殊盒子里，来进行单词组合（图16）。

学习意大利语时，老师只需清晰地发出组成单词的不同字母的读音就可以了。例如，单词“mano”，就发出“m–a–n–o”这几个字母的读音。孩子经过上面的训练之后，听到字母的读音可以很容易就将字母一个一个地分辨出来。之后，孩子根据刚才听到的读音，在活动字母中选择相应的字母并按正确的顺序摆放，这样单词“mano”就被孩子拼出来了。一段时间的练习之后，孩子就能够用自己想出的单词做同样的练习了，他们能够

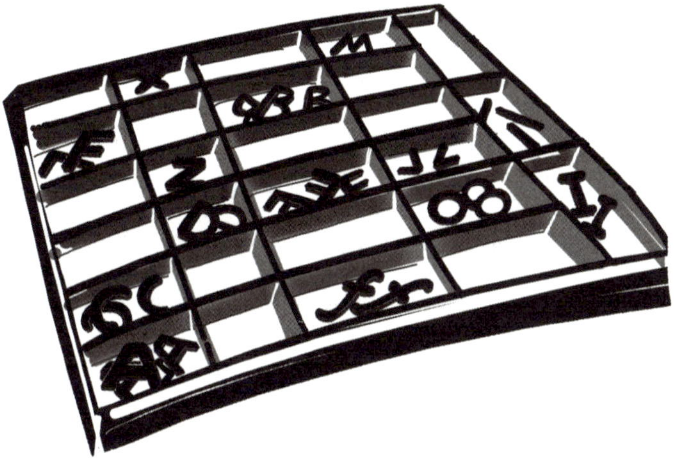

图16　装有活动字母的盒子

成功地将构成单词的字母挑选出来，并将它们排成单词。

当孩子学会用这种方法将字母组成一个单词时，也学会了这个单词的读音。因此，这个方法不仅能帮助孩子学习书写，也能帮助孩子懂得阅读。老师还可以将活动的字母组成一个单词，然后将单词读音念出来，打乱字母顺序让孩子自己重新排列出这个单词并重复这个练习。

我有两套活动字母。其中一套活动字母大一些，分别装在两个盒子中：一个盒子里装的全是元音字母，用来进行第一步的练习，因为刚开始识别字母的时候需要用较大的物体；另一个盒子里装的是辅音字母。孩子能认识一半的辅音时，就可以开始组合单词的训练了。另一套是小一点儿的活动字母，装在一个单独的盒子里。这套活动字母是给那些已经进行了第一步练习，而且对所有字母都有较深认识的孩子做练习之用。

孩子用活动字母进行了单词的组词练习之后，就可以进行整个单词的书写了。那时候，我们会欣喜地发现，那些从来没有在纸上用笔写过一笔一画、没有写过一个字母的孩子竟然可以写出好几个单词。从那个时候开始，孩子就会一直书写下去，不断地提高和完善自己的书写能力。这种书写能力发自内在本能，就像是自然而然学会一样，孩子开始写了第一个单词，接下来就会以同样的方式写其他单词，就像孩子在读出第一个词之后就会继续说话，学会走第一步之后就会继续走下去一样，所有的过程都是孩子发自内心的进行自我完善的过程。当孩子做好了准备工作之后，就会像身体稳稳当当地成长发育一样，能够很好地进行自我发展。

阅读敏感期游戏

在进行过阅读的入门教学后，“儿童之家”采用了如下的游戏来练习阅读，孩子们对此感到非常高兴。

阅读游戏需要使用的相关材料：

（1）大量卡片，上面清晰写着大号单词或者句子。

（2）各式各样的玩具。

在游戏过程中，我们发现一个有趣的现象，那就是孩子付出努力的程度——这些游戏可以让孩子不费力气就学会阅读。

★ 阅读游戏一

（1）将各种玩具放在一张大桌子上，再准备好写有对应每个玩具名称的卡片。

（2）老师将这些卡片叠好，混放在篮子里面，然后让那些会读这些单词的孩子，从篮子里面抽出卡片。

（3）每个孩子都拿一张卡片回自己的座位，安静地打开，在心中默读而不让周围的孩子看到。

（4）孩子再次将卡片叠好，这样就可以好好保守这个秘密。

（5）孩子手中拿着叠好的卡片来到桌子边上，然后清楚地说出卡片上的名称，同时要给老师看卡片以确认他是否说对了名称。

说明：这时，如果孩子说对了，这张卡片就成了一个可以换到相对应玩具的金币。接下来，如果孩子还能正确地指示出玩具，老师就可以让他拿走那个玩具，还可以让他尽兴地玩。

（6）当每个孩子都轮了一遍之后，老师叫来第一个孩子，让他从另一个篮子里面抽出一张卡片。一抽到卡片后，孩子就要立刻读出来。

（7）这些卡片上写着不能读出或读得不对的孩子的名字，这些孩子也就因此没有得到玩具。

（8）拿到新卡片的孩子，要将自己刚才玩耍的玩具给他读到的小伙伴。

说明：真正的教育是心灵的教育——“儿童之家”教育孩子，要以一种优雅而有礼貌的方式来给同伴玩具，并且一定要鞠躬。通过这种方式教育儿童，就消除了任何等级观念，并且唤起了人类对他人的慈悲心。

这种阅读游戏进行得非常好。孩子在得到哪怕是一小会儿那些漂亮玩具时，都会获得一种满足感，因为他们的劳动得到了尊重。

在进行这个游戏时，发生了一件使老师感到惊讶的事，那些已经学会理解单词的孩子，居然拒绝拿玩具。

这到底是为什么？孩子们说他们不想浪费时间在玩耍上。但是，对于抽出卡片，然后进行阅读本身，他们表现出一种无法满足的渴望。

理解了这些幼小心灵中所潜藏的秘密，我们不得不对孩子们灵魂的伟大表示由衷赞叹。当老师站在这群热切的孩子中沉思时，他发现正是孩子对于智慧的热爱，让他们创造了种种奇迹，从而使人思考人类灵魂的伟大。

因此，我与其他老师抛开所有玩具，制作了上百张卡片，包括孩子们的名字、城市和物体的名字，以及通过感觉练习而学会的颜色和质地名称等，并将所有这些卡片放在盒子里面，让孩子们可以自由使用。

老师曾经预想，做事没有常性的孩子会很快从一个盒子转到另一个盒子。

然而，事实恰恰相反，孩子们将一个盒子掏空后，才转向另一个盒子，他们有一种对阅读无法满足的欲望。

★ 阅读游戏二

有一天我来到学校，发现老师让孩子们将桌椅都放在阳台上，要在室外进行教学。在一些卡片上，老师写了长句子，描述了孩子们要做的动作，比如：

（1）关上百叶窗，打开前门；在等待片刻之后，将所有的东西恢复原样。

（2）要非常有礼貌地邀请8个同伴离开他们的座位，并在教室中心排成两行，然后让他们用脚尖着地，前后移动。注意：不要发出任何声音。

（3）在征询3位年龄最大、唱歌最好听的同伴的同意后，邀请他们站在教室中间，然后和他们一起唱一支歌曲。

只要老师一写完，孩子们立刻就抓住卡片回到自己的座位上，非常认真、自觉地读起来，并且保持安静。

接下来老师问道：“你们看明白了吗？”

“明白！明白！”

“那就按照卡片上告诉你们的去做吧！”老师说。

这时，老师就能非常高兴地看着孩子们迅速而准确地按照卡片上的内容行事：

有的孩子关上百叶窗，然后又打开；

有的孩子让同伴踮起脚尖走路；

有的孩子让同伴唱歌；

有的孩子则在黑板上进行书写，或者从碗橱里面拿出某样东西。

所有这一切——惊喜和好奇制造了一种安静，孩子们在课上非常有秩序地进行着游戏。

好像是“儿童之家”老师的某种魔力刺激了这种前所未见的行为，而这种魔力就是书面语言，是人类文明最重要的成果。

孩子们深刻地理解了书面语言的重要性，他们聚集在老师周围，流露出感激和喜悦的表情，说道：“谢谢您！谢谢您！谢谢您的课程！”

结果，这种游戏成了最受欢迎的游戏：

（1）游戏一开始保持绝对安静。

（2）拿出一个里面装满叠好卡片的篮子，每张卡片上面都写有一个长句，表明一系列动作。

说明：所有能够阅读的孩子都可以抽一张卡片，在心中默念一到两遍，直到确定理解了卡片上的内容。

（3）孩子们将卡片还给老师，开始执行各种动作。

说明：这些动作都需要在那些还不能进行阅读的孩子的帮助下才能完成，并且需要处理和利用各种材料。游戏的过程中一切都要井然有序，除了偶尔被轻轻的小跑声音和孩子们的歌声打断外，教室里面要维持安静。

★ 阅读游戏三

一些孩子正在桌边围坐成一个圈，把玩着桌上用砂纸剪成的字母和可移动的字母；另外一些孩子在阳光中玩耍。这时，老师坐到桌前，拿出一个长而窄的盒子，盒子里面放满写着单词的卡片，并让孩子们在盒子里寻找自己喜爱的卡片。

过了一会儿，老师说："真不敢相信，这个游戏已经进行了一个多小时，可他们还没有满足。"

于是，老师将球和洋娃娃拿过来，想要吸引孩子，但没有一个孩子被吸引过来。

看来与智慧和学习所带来的快乐相比，一切浮于表面的享乐是如此没有吸引力。

在看到这令人吃惊的结果后，我想到用印刷体来测试一下孩子的阅读水平。

我就建议老师，在一些卡片的手写体下面加上印刷体。接下来，孩子们的举动证明这根本没必要。

在"儿童之家"的大厅里有一本日历，上面用印刷体印着许多单词，每个单词的每一个首字母都是特写体字母。孩子们出于对阅读的狂热，开始看这本日历。

事实证明，他们不但能够阅读印刷体，而且还能读特写体。

到此为止，就差给孩子们一本书读了！但现在的书没有一本适用于"儿童之家"的方法，所以我们只能以上述方式让孩子进行练习。

★ 阅读游戏的效果

在"儿童之家"学习的孩子的母亲，很快就发现了孩子进步的证据。她们在孩子的口袋里发现了一些小卡片，上面粗略地写着购物清单：面包、盐等。

看看，孩子已经开始为母亲列购物清单了。

另外有一些母亲告诉老师，她们的孩子已经不在街上乱跑，而是停下来阅读商店里面的字符。

还有一个5岁的孩子，他的父亲是市长，他在一所私立学校接受同样的教学。

这个市长父亲收到了许多信件，得知自己的孩子接受书写和阅读练习已经两个月，却没太注意这件事情，因为他不太相信这种方法。

有一天，他坐在那里看书，孩子在边上玩耍。这时，一位仆人进来，将一大堆刚刚收到的信件放在桌子上。小男孩注意到这些，他拿起一封信大声地读出了地址。父亲看到这一切后，非常兴奋，认为这真是一个奇迹。

经验表明，如果从儿童进行书写那一刻开始算起，从那种比较低等的图形语言阶段过渡到高级阶段，平均只需要两个星期。但要想达到能够熟练地阅读，则要比书写的进程慢很多。

在许多情况下，那些阅读能力不太好的孩子，却能够写得一手漂亮的字。

由于同一年龄的孩子阅读和书写的能力并不完全相同，所以，我们的相关教学不但不强迫孩子，也不刺激他，更不会用某种企图来哄骗孩子去做他不想做的事情。

有时，有些孩子没能自发参加这些课程，所以他们也就不知道该如何进行书写和阅读。

如果采用过去传统的方法来教育孩子，就有可能会扭曲孩子的意志，破坏孩子的自发性。这些错误的教育方法认为，在6岁以前对孩子进行书面语言教学，属于不可能的事情。但如果真是这样，“儿童之家”的方法又怎么会取得这么好的效果呢?

在没有更加丰富的经验前，“儿童之家”的教育方法还不能确定是否在任何情况下，口头语言充分发展的时期都是开始发展书面语言的最佳时期。

但可以肯定的是，几乎在所有情况下，所有使用“儿童之家”教育方法的孩子都可以在4岁时开始书写，在5岁时知道如何进行阅读，并且至少可以达到小学一年级水平。

因此，这些孩子在开始上学时，完全可以直接上二年级。

有趣的阅读实验

当“儿童之家”的朋友发现孩子们可以阅读印刷体时，他们送给“儿童之家”一些精美的图书作为礼物。

浏览了这些简单的童话故事后，我确信孩子们无法理解。而老师对于学生的能力十分有信心，想要证明是我错了。他们让不同的孩子给我读故事，说这些孩子要比那些普通小学二年级的孩子强许多。

为了更有效地验证我们彼此的观点孰对孰非，于是我做了两个实验。

★ 第一个实验

一开始，让老师给孩子讲一个故事，而我就在旁边观察孩子对这个故事感兴趣的程度是多少。

老师才读了几个单词，孩子们的注意力就开始分散。

我不让老师提醒那些注意力不集中的孩子。渐渐地，教室里面响起了嗡嗡声，因为孩子们并不关心老师在讲什么，所以他们转而关注起自己的事情。

很明显，那些看上去似乎很爱读书的孩子并不是因为书的内容才喜爱的，而是因为他们获得了“读”这种能力，即因能够将图形符号转换成自己认识的单词和发音而高兴。

结论：如果孩子拿到一本有许多不认识单词的书，他们不会表现出喜爱阅读的持久性来。

★ 第二个实验

让一个孩子念书并不打断他，或者让孩子说一些关于书的内容的解释，就像老师想帮助孩子去抓住故事的主线时所做的那样。

例如，老师会问：“停一下，你明白吗？你读的是什么呢？告诉我们，这个小男孩是如何驾着一辆马车的，好吗？注意书在说些什么。”等。

我把书给了一个小男孩，并以一种友好的方式坐在他身边。

当他读书时，我像一个朋友那样简单而又严肃地问他：“你能明白在读什么吗？”

他回答：“不能。”

孩子的表情似乎在问我为什么让他读书。

实际上，通过对一系列单词的阅读，他人的复杂思想就可以传递过来，这对孩子们来说是他们未来的目标，也是惊喜的又一个源泉。

书依靠的不是语言机制而是逻辑语言。在孩子能理解、欣赏书的内容以前，必须帮助他们建立起逻辑语言。

对于一本书，能够阅读单词和理解内容之间存在着距离，就像发音和说话之间的距离一样。因此，我不让太小的孩子阅读书籍，而是等待着适当的时机。

事实证明，这是十分明智的做法。

一天，在自由对话时间里，有4个小孩同时站起来。

这4个小孩脸上带着喜悦的表情，他们跑向黑板，然后写出了下面的话：

“哦！花园里的花开了，我们真高兴呀！”

对我来说，这真是一个巨大的惊喜，我深受感动。孩子们自发地实现了作文技巧，就像他们自发写出了第一个字母一般。

结论：人类各机制发展的过程相同，当时机成熟时，逻辑性的口头语言就刺激了相应书面语言的爆发式发展。

看到孩子们的表现，我知道是时候进行句子阅读教学了。于是，根据孩子们所使用的方法，老师也在黑板上写出：“你们爱我吗？”

孩子们慢慢地大声读着，保持了一刻安静，好像在思考，接下来都喊道：“爱！爱！”

老师继续写出：“那好，保持安静，都看着我。”

孩子们几乎是叫喊着读出了这句话，但是在就要读完时突然变得安静，只有椅子发出声音，而这也是孩子们为了调整姿势减少噪声才发出的。

就这样，老师和他们开始通过书面语言交流。这让孩子们异常感兴趣。

渐渐地，孩子们通过这种交流方式发现了书写的本质——传递思想。无论何时老师开始进行书写，他们都非常急切地想要明白老师的意思，而不用听老师说一个词。

由此可以看出，当书面语言和口头语言被完全隔离时，儿童才能理解书面语言的重要性。确实，图形语言不需要口头词汇。

这个教学经验告诉儿童教育工作者，作文一定要处于逻辑阅读的前面，而书写要在词汇阅读之前。同样，如果教授阅读的目的是让孩子能够接受一个观念，那就必须开展默读，而不能发出声音。因此，大声朗读暗含着两种机制形式——口头和书面的语言形式，这也说明它是一项复杂的工作。

例如，一个成年人要给大家读报纸，他必须首先知道报纸的内容。

另外，大声朗读是一种最困难的智力行为。

孩子在一开始时，为了理解句子的含义应当默读。当涉及逻辑思想解释时，书面语言就必须与口头语言相隔离。原因在于：书面语言代表着一种远距离传送思想的语言，而与此同时，人类的感觉和肌肉机制都在无声进行解读。这是一种精神化的语言，它保证所有懂得阅读的人都能够进行交流。

针对孩子的潜在生命力，在不违背教育本质的前提下，对他们进行启发式教育。给孩子自由，让孩子自主学习，这样成长的儿童，他们发音清晰、写字流利、动作优雅。他们在美感中长大，有最真挚的人性。聪慧的孩子还是周围环境当中最富智慧和最有耐心的观察者，他们以自由的发展形式掌握了理性的力量。

数学运算练习

运算能力

在运算方面，儿童的大脑一开始就表现出了精确性，这主要体现在儿童对行为精确性的要求上，另外也表现在儿童早期对秩序、规则比较高的要求上。由此可以发现，儿童对事物是否有序摆放、位置是否适当非常敏感。儿童在活动中了解周围的环境，并会将那些有一定规律的东西留在他们的记忆里。否则，儿童就不能获得专注的心理能力。

儿童对准确性的追求会主动而且突出地表现为很多种方式。

例如，当成人告诉儿童怎样做某件事情才能更加准确，这种准确性同样会激起他们的兴趣。做事情首先是要达到一定的目的，而要把它做精准，还需要儿童付出努力。这种努力同时也能促进儿童的成长和发展。儿童在学校中进行各种活动的关键正在于规律性和准确性。

我们为儿童准备的、培养他们注意力（在3～4岁孩子的身上表现得最明显）的小物件，一方面能够帮助儿童了解他们周围的环境，另一方面能够培养儿童“精确的大脑”。

在这个问题上，我们得到的结论跟一般的普通学校中的情况完全不同。普通学校中的数学课简直成了孩子们的一种煎熬，以致许多学生产生了一种数学学习的心理障碍。如果在早期就能让“精确”的意识深深植根于儿童“具有吸收力的大脑”，那么情况就会截然不同了。

一般儿童的日常生活中没有跟精确的数学相关的东西。大自然中有树木、花朵，还有动物，但没有跟精确的数学相关的事物，儿童因此会缺少发展他们自身数学敏感性的机会，这会影响到他们今后的发展。所以，我们可以人为地提供给孩子小物件，让它们成为数学学习的基础。

★ 高度准确性的活动

相对语言，数学是一门很难解释的学科。

一般情况下，数学包含以下3种。

- 算数：数字的科学。
- 代数：抽象的数字。
- 几何：抽象的形象。

凭借着对孩子的了解，我们在孩子很小的时候，就将这3种数学全都教给孩子，这让很多人觉得难以置信。我们发现，这种“三合一”的教学方式非常有效，就像只有一个支点维持平衡的东西远不如三角支撑稳固一样。例如，在介绍“个”“十”“百”“千”等数量单位时，用几何形状（点、线、面、体）来展现，我们设计的教具也都体现这3种特性。这样的教学方式，让孩子饶有兴趣，非常热衷。令人惊喜的事情是，经过一段时间，孩子就能用代数的方式表达抽象的数字之间的关系了。

由于数学的学习枯燥且抽象，不像语言那样生动有趣，孩子自然不是很喜欢，很多人就会因此说孩子喜欢语言而不喜欢数学。这其实是一种偏见。孩子给我们呈现的事实完全不是这样，5～6岁的孩子非常愿意学习十进制计算，所运算的都是10以上的数字，而我们教给孩子的是只限于10以内的四则运算。在“儿童之家”，就连4岁的孩子也想要学10以内的运算，而且非常投入。如果这些运算是以实物的形式进行操作，孩子会表现出更浓厚的兴趣。例如，有个孩子在学会三项式（a+b+c）之后发现，既然可以用a和b，那么就可以用其他的字母来代替数字。由此看来，孩子的学习能力是无限的，是不愿被限制的。

从1到20的简单计算

“儿童之家”在第一次给孩子教授算术运算时所使用的教学用具，与在数数时所用的用具是相同的，就是那些根据长度变化交替进行红蓝着色的木棒。

简单数学里面，包含了十进制的最初概念。

这些木棒根据所代表的数字为1、2、3……

孩子按照学习要求，按照长度进行排列，而这同时也是在按照数字进行排列。

★ 木棒组成的10

想用木棒组成10，最简单的方法是：将从1开始的木棒，按顺序放到9以下（包括9）的木棒边上（图17）。

在进行这一步骤的同时，老师可以这样指挥：“把1拿起来，然后放到9上边；把2拿起来，放到8上边；把3拿起来，放到7上边；把4拿起来，放到6上边。”

通过这种方式，老师组成了4组和为10的木棒。

现在只剩下5这1根木棒，将5垂直翻转，就会发现2个5拼在一起与其他的10是相等的，就明确了5的2倍是10这样一个事实。

重复这一练习，孩子们渐渐地就学会了更加专业的语言——

9加1等于10；

8加2等于10；

7加3等于10；

6加4等于10；

对于剩下的5来说，5乘以2等于10。

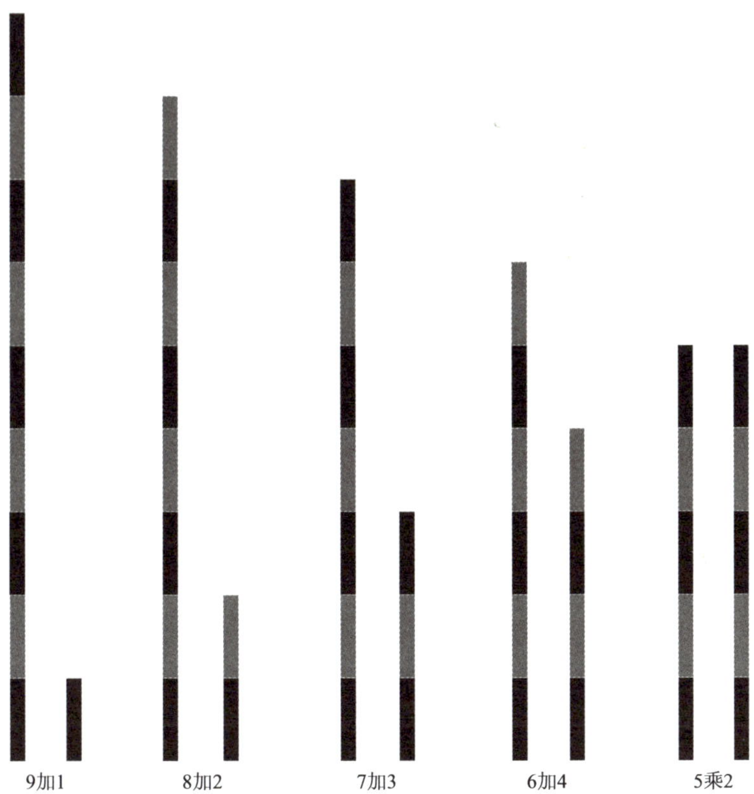

图17　用木棒组成10

当孩子们能够进行书写时，老师就可以教给他们加号、减号和乘号。

下面就是老师在一个小朋友整齐的笔记本上看到的——

7+3=10

6+4=10

5×2=10

9+1=10

8+2=10

当所有这些孩子们都已经学会，并且乐于在纸上书写时，就要将孩子们的注意力转移到将那些已经形成10的数字组合上来，将这些数字分开，然后放回原始的位置上。

★ 关于10的减法

一组10中，拿走4剩下6；接下来，拿走3剩下7；依次，拿走2剩下8，拿走1剩下9（图18）。

为了清楚地说明这些，老师可以说：

比10少4等于6；

比10少3等于7；

比10少2等于8；

比10少1等于9。

在轮到最后剩下的5时，老师可以说：

10的一半是5，即将10分成2份，就得到了5。

有关这一过程的记录如下：

10−4=6

10−3=7

$10 \div 2=5$

$10-2=8$

$10-1=9$

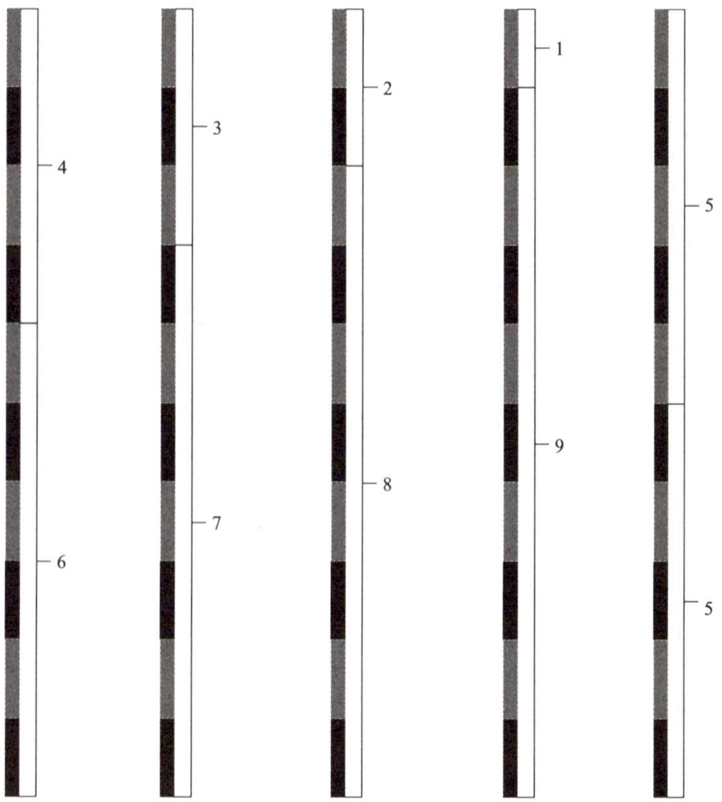

图18　关于10的减法

★ 倍数

一旦孩子们掌握了上述练习，他们就能自觉地举一反三。比如，老师问："我们可以通过2种方法得到3，是不是？"

接着，在2后面写上1：

$2+1=3$

“我们也可以用2根木棒相拼，这样拼起来的木棒1和木棒3就与木棒4相等了，是不是？”

3+1=4

4−3=1

4−1=3

木棒2和木棒4之间的关系与木棒5和木棒10之间的关系是相同的，也就是说4里面正好包含着2个2：

4 ÷ 2=2

2 × 2=4

来看看另外一个问题：进行这个游戏，可以使用多少木棒呢？我们可以加上3和6、4和8这两组。例如：

2 × 2=4

3 × 2=6

4 × 2=8

5 × 2=10

10 ÷ 2=5

8 ÷ 2=4

6 ÷ 2=3

4 ÷ 2=2

在这里，我们发现用来进行数字记忆的数字图（图19），可以提供帮助——

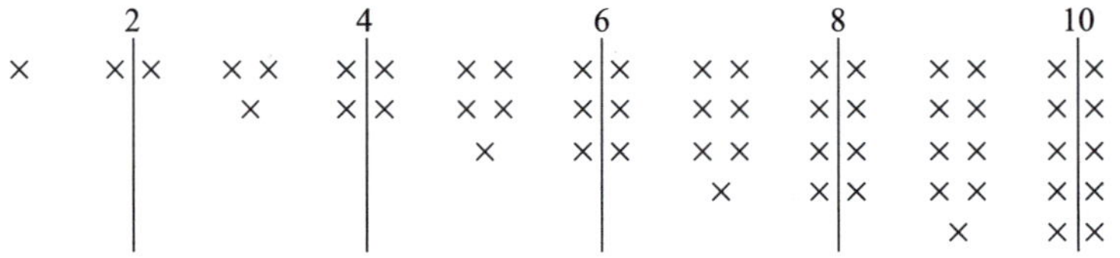

图19　可被2整除的10以内数字（包括10）

按照这种排列，可以立刻看出哪些数字能够被2整除——因为代表这些数字的“×”被竖线隔开后呈左右对称，没有一个单独的“×”。这些数字都是偶数，它们能够两两成对排列，可以被2整除。对于2、4、6、8、10这样的偶数，2乘以图19中其所对应的行数，就得到了上方的数字，得到的这个数字就是积。而为了还原为原始数字，只需要将这两列进行重组。

这些练习对于5岁的孩子来说，并不十分困难。

对于孩子而言，这种重复练习，很快就变得非常单调。不过，我们的老师可以把练习进行简单的变化：

把这套木棒拿过来，不再将木棒1放在木棒9后面，而是放在木棒10后面。

接下来，将木棒2放在木棒9后面，木棒3放在木棒8后面。

通过这种方式，让拼在一起的木棒变得比10长，孩子逐渐能够认识10以上的数字，通过不同的数字组合，让数字之和分别是11、12、13……直到20。

在“儿童之家”，因为老师已经教孩子学过10以内的运算，所以在进行20以内的运算时就没有困难了。唯一的困难就在十进制，这需要专门的课程来讲解。

★ 十进制课程：大于10的算术运算

必要的教学用具：

（1）一些正方形卡片，卡片上面印着又大又清晰的数字10。

（2）一些长方形的卡片，这些长方形卡片的大小恰巧是正方形卡片的一半，包含一套从1到9的单个数字卡片。

游戏步骤：

（1）把长方形卡片上的数字排成一条直线：1、2、3、4、5、6、7、

8、9，即数字阶梯。

（2）从1开始沿着数字阶梯一直数到9，因为再数就没有数字了。

（3）用长方形卡片按1～9的顺序将正方形卡片上的0覆盖住，这样就得到了：11、12、13、14、15、16、17、18、19。

将木棒1、木棒2、木棒3直到木棒9，分别与木棒10相加，就得到了上述这些数字对应的不同长短的组合木棒。

（4）老师可以给孩子们看卡片，比如数字16，然后老师可以在木棒10后面放上木棒6。

（5）老师将写有6的卡片拿走，换成数字8的卡片，卡片上的数字便由16变成18。

（6）孩子们将木棒6拿走，然后放上木棒8，组成18。

步骤（5）、步骤（6）可以进行如下记录：

10+6=16

10+8=18

教学中，对于减法，老师也采用相同的方法进行教学。

当孩子们对数字有了初步的概念时，在学习过程中，老师可以将数字的个位和十位进行结合，就像在图20的A列中所显示的那样。

在图20的A列中第2个10的0上面用写有数字1的卡片进行覆盖。依次类推，可得到11～19（图20的B列）。也就是说，第1个10保持不变，自第2排开始右边数字依次改为1、2、3、4、5、6、7、8、9。

在图20的A列中第2个10的1上面用写有数字2的卡片进行覆盖。依次类推，可得到20～100（图20的C列）。也就是说，第1个10保持不变，而下方左边的数字依次改为2、3、4、5、6、7、8、9、10。

图20的C列中的每个数字相差10。

A	B	C
10	10	10
10	11	20
10	12	30
10	13	40
10	14	50
10	15	60
10	16	70
10	17	80
10	18	90
10	19	100

图20　个位和十位的数字替换

这样，几乎所有的孩子都能够数到100，满足他们在学习时的好奇心。

每一位老师都能使学习算术运算的方式产生变化，在此过程中还可以利用一些孩子们容易理解的东西，帮助他们学习这些比较抽象的概念。

意志力敏感期

当儿童从众多物品中选出他们喜爱的东西时；当他们从餐柜中取出某样食品，然后又把它放回原处或让给其他伙伴时；当他们期待已久的某些玩具正被别人占用而自己只好在旁边耐心等待时；当他们一边专心致志地进行练习，一边纠正教材里的错误时；当他们一动不动地待在座位上，直到听见自己的名字被叫才站起来，而且还要小心翼翼，不让自己的脚碰到桌椅发出声响时，儿童的这些表现处处体现着他们的“意志”。

下面让我们对意志的相关因素进行一下分析吧！

儿童的意志是厘清混乱的基础

在影响儿童才能发挥的众多因素中，真正持续起作用的就是意志。假若不让条理性和清晰性在头脑中生根，而是让孩子的思维处于一片混乱之中，尤其是让他们去背诵一堆课文，这都只会妨碍孩子的成长，妨碍孩子们自己做出决定，那么他们的意志就无法得到发展。采用这种方式的老师还为自己辩解说：“孩子不应当有自己的意志。”在发表这样的言论时，这些老师倒是诚实的，因为他们在教育孩子的时候，从来就没有考虑过孩子们发自内心的“我想要”的要求。这样的教育将带来不堪设想的后果，他们其实是在妨碍孩子初期的意志发展。这种氛围使孩子们感受到有一种力量在控制他们的行为，这让他们变得胆小，甚至在没有得到他们依赖的人同意和帮助的时候，连一点儿承担责任的勇气都没有。

一次，一位女士故意问一个孩子："樱桃是什么颜色的？"那个孩子本来知道樱桃是红色，可让人想不到的是，这个提问让这个胆小的孩子非常紧张。他犹豫而惶恐，不知怎样回答才好，最后他只是喃喃地说："我去问老师。"

一个人身上最重要的一种机能就是为做决定而准备的意志机能。它非常有价值，一定要把它建立起来，并不断强化它。病理学进行了一定的揭示，这种意志机能与意志的其他因素有很大差别，它像是支柱，支撑着人的人格。

通过练习来锻炼意志力

就像其他活动一样，意志力也需要通过练习来发展。有关孩子意志力的练习，既是精神性的，也是实践性的。

在一般人看来，孩子们似乎通过学习动作的优雅和准确，去完善自己的感觉，去学习如何进行写字和阅读。但更深刻的含义在于，孩子们同时也在学习如何成为自己的主人，如何成为一个拥有敏捷思维和坚强意志的人。

孩子从来没有时间和机会去测试自己，去估计自己的力量和极限，因为他总被成人的暴政所打断。他对于不公正也变得无能为力，因为他总因为没有按照大人的意志行事而受到严厉批评。

成人经常听到孩子们的意志应当被"破坏掉"，对于意志最好的训练，就是要让孩子学会服从成人的意志。先不管这一不公正问题的粗暴根源，这一概念本身就没有道理，因为孩子不可能放弃他已经拥有的东西。通过这种方式，成人阻碍了孩子形成自己的意志力，犯了对孩子教育最不可容忍的错误。

所有这些，会导致儿童在幼小的心灵里播下胆小怯懦的种子，意志力得不到发展。成人这种经常性的有意无意的责骂，会造成病态后果，导致儿童说谎，而成人却将这种错误方法造成的恶果当成儿童期的天性，这就毁了孩子的一生。

缺乏健康的个性是孩子最大的危险。这种状况正是由错误教育方法——孩子处于一种被奴役状态造成的。在这种情况下，孩子的意志力、个性受到压抑。针对这种情况，最简单的办法，在于重新赋予孩子人性的发展。

除了发展孩子意志力的练习外，服从的另一个因素是执行服从的能力。我的学生安娜·马切洛尼，她一开始在米兰的学校里，后来到了罗马的维亚·古斯蒂学校，她所做的最有趣的观察是将孩子的服从和“知道怎样服从”联系了起来。

一旦孩子个性开始形成，服从就表现为一种潜在本能。比如，孩子开始尝试某些练习，突然某一时刻，他非常好地完成了这个练习。孩子会很高兴地看着，希望再来一遍，有时这种重复并不成功。

外部命令和自觉行为的结果并不总相同。当练习总成功，具有绝对确定性，那么无论来自其他人的外部命令，还是自觉行为，就总能在孩子身上激起相同的正确行为。孩子在重复时会出现这样一种情况：如果在别人要求下进行，那就会出现错误；如果孩子自愿进行，那练习几乎每次都能成功。这也就是说，孩子每一次都能执行接受的命令。这种心理发展事实（依据儿童个体会存在差异）对于那些具备与孩子相处经验的个人来说非常明显。

孩子常如此表达：“我确实可以做这事情，可现在不行了。”而这时对学生的无能而感到失望的老师就会感叹：“那个孩子确实可以做得很好，但现在他不能。”

孩子的发展，最终存在着完善期，在这期间，孩子们永久性地获得了执行某种操作的能力。在此之前，发展存在着3个阶段：

第一阶段：潜意识阶段

在孩子头脑中，有序通过一种神秘的内部冲动，在无序中创造自己，表现出一种外在行为结果。这种行为不属于意识领域，因而不能够随心所欲进行重复。

↓

第二阶段：意识阶段

这时出现了一些具备意识性的行为，这些行为出现在建立和发展行为动作的过程中。

↓

第三阶段：意志指引并产生动作

到此阶段，孩子就能够对其他人的命令做出回应。

同样，服从也遵循着相同的顺序：

第一阶段：精神混乱阶段

孩子不服从任何事物和人，好像他们是心智上的聋子一样，他们听不进任何命令。

第二阶段：孩子愿意服从

孩子看上去似乎理解了命令，并能做出回应，但实际情况却不是这样，至少不是总能成功地理解并回应。孩子们的反应并不迅速，在执行时也没有任何快乐。

第三阶段：孩子对服从反应迅速，充满热情

孩子在练习中越来越熟练，对于自己知道如何服从而倍感骄傲。在这一阶段，孩子们非常高兴地服从，对于只要使他感兴趣的哪怕是最细微的要求，也会立刻执行，因为这样他就可以脱离生活的孤独，通过服从这种行为进入其他人的精神世界中，掌握人性的团队精神。

这些孩子品德高尚，他们在不断重复的练习中，锻炼了自身的耐心；在顺从他人的命令时，锻炼了自己的忍耐；在与其他人没有嫉妒和竞争的和平共处中，锻炼了人性的善。

他们以一种快乐心境与平和的心态来行善。孩子表现出令人惊奇的勤奋，而对自身的正义，他们却并不会表示出骄傲，他们并没有将这种道德获得当成一种自身的优越。他们正走在通向正直的道路上，因为这是实现真正的自我发展和学习的唯一途径；他们享受着沿途收获的纯朴心灵以及祥和的可爱果实。

有一种间接的纪律形式，即孩子们合理组织“工作”和自由，用来代替老师的批评和说教。在这里，包含着一种从小开始的生活概念，这一概念在宗教中，要比在教育学中更加普遍，因为这种概念作为人类的精神力量与心灵价值，是建立在“工作”和自由这两条所有人取得进步的道路上的。

儿童的服从意识是逐渐发展起来的，是在心理逐渐成熟的过程中以一种自然的、不期而至的方式出现的。

冲动和抑制的平衡

在儿童的早期教育中，为了培养他们的个性，调动所有有用机制的做法是很有意义的。就像运动一样，让孩子做做体操是很有必要的。大家都知道，没有经过锻炼的肌肉无法完成那些需要肌肉力量的运动，这样的机体是有缺陷的。一个肌肉无力的人是不愿进行各种活动的。可以说，为了保持心理活动的能动性，在心理方面进行类似的体操训练也是很有必要的。

对于一个意志薄弱甚至丧失意志的孩子来说，要适应一所让所有孩子都呆呆地坐着听讲或假装在听讲的学校，是很容易的。但是，这类孩子的结局常常令人同情。虽然学校在他们的通知单上写着“表现出色，学习进步”的评语，老师总是用“乖孩子”来夸赞他们，但他们中有些人却不得不到医院接受神经紊乱方面的治疗。结果就是，这些孩子只好在不受任何干扰的情况下沉浸于虚弱之中，就像被流沙吞没一样。

与之对应的是，那些生性好动的孩子却被视为“制造混乱的人”，被称作“调皮鬼”。如果我们要研究他们调皮的性格，他们身边的人就会不约而同地说：“他们总是安静不下来。”他们的好动还会被进一步具体化为“侵犯其他同学”。而他们的“侵犯”其实往往是这样：想尽办法让处于静止状态的同学激动起来，然后融入他们的队伍。

另一个极端表现是受抑制力支配的孩子。他们常常极为害羞，回答问题时也犹豫不决，即使在一些外部刺激的作用下，他们能够回答问题，也总是声音很小，有时回答完问题后竟然会哭出来。

对于上述3种孩子，我们应该对他们进行参与自由活动的必要训练。当一个意志薄弱的孩子看到其他孩子不断地进行着有趣的活动时，他就会得到最有益的刺激。

道德敏感期

一个人在琐碎的日常生活中对那些最微不足道的事情所做出的决定，将对他的行为逐步施加影响，并在那些反复进行的行为中不断增强自我指导能力，这些都是在为坚实个性的形成打基础。其间，道德就像一位中世纪身居在城堡里的公主一样居于我们体内。

显然，如果要“建造”一间供道德居住的“房屋”，我们还需要对身体进行适当的控制，比如，不酗酒，到户外进行活动来恢复体力，等等。当然还有比这些更加重要的，那就是为了使心理上的疲劳得到缓解，我们需要对意志进行不懈的训练。

当儿童通过自我教育，把那些复杂的、需要做出比较和判断的心理活动付诸行动的时候，他们一方面是以这样的方式获得了有一定条理的、明晰的智力，另一方面也会对他们的意志进行培养。这也是一门学问，它能帮助孩子们在不依赖别人意见的情况下形成自己的决定。掌握了这门学问，他们就可以以此来把握自己在日常生活中碰到的所有事情：对于想得到的东西，他们会自己决定可不可以去拿；他们会情不自禁地随着音乐翩翩起舞，来放松自己的身心；在他们想安静的时候，他们就会抑制所有想要运动的动机。这种坚持不懈地对个性进行培养的工作，都是通过决定从而付诸行动的。

由此，井井有条代替了最初的紊乱，整个生命就进入了一种自发的状态之中，怀疑和胆小也随着心理紊乱的消失而消失了。

文化敏感期

帮助儿童适应环境

我的教育方式，一方面要帮助儿童实现自身的发展，另一方面要帮助儿童适应周围的环境和社会的需求，而这种社会需求是由儿童以及与儿童生活的人一同来控制的。

我认为，“适应”这个词指的是愉快、轻松和内心的某种平衡状态，会给儿童一种安全感。“适应”以精神层面的永久性作为基础，也就是在儿童的家庭所处的环境下的一种道德与经济的平衡状态，而且其社会影响具有一定的决定性。

在家庭生活中，儿童在心理学活动的引导下成长为成熟的个体，从而去适应他成长的环境。在适应的过程中，“稳定性”是很重要的，像牢固的磐石一样，是一个人开始向实现愿望迈进的坚实基础。

帮助儿童了解世界

当儿童遇到困难的时候，不要去寻求外力的援助，而要注意儿童的本能和儿童发展的根本需求。

6岁以上的儿童能够从周围的环境中吸收他们和他们家人所面对的充满限制的社会信息。我们必须努力满足儿童了解这个世界的渴望，比如，让他们知道这个世界的机能、这个世界对人类生活和行为的影响。同时，我们只是为儿童揭示出一些东西是不够的。为了回应儿童的需求，这个世界一定要在他们成长与发展的第二个阶段，打造一个他们同样可以吸收的环境。也就是说，在6岁以后，儿童应该要能“融入”这个世界，就如同在他们生命的前几年中，已经可以融入周围的环境一样。作为蒙台梭利教育的教育者，应该懂得关于“敏感期”表现的技巧、儿童活动的需要等。

我们不只是要做到给孩子这个世界，而且要清楚地描绘“人类在这个世界中的地位”：

第一，世界的机能是怎样运作的。

第二，人类是怎样受世界机能运作影响的。

这是两个基本的问题。

另外，我们一定要尽力让儿童真正了解人类对他们同胞所做的贡献。因为，如果儿童可以体验到世界的机能是怎样运作的，能够体验到人类在其整个生命周期里为自己工作的同时其实也在为别人工作，那么就有一种明显的事实（会有一种思想自然而然地生成）让儿童能够感激人类，即使这在目前对他们来说仍然很难明了。基于这些不可改变的事实，不管是处于任何特别的历史时刻，还是处在整个历史的过程中，文化的进步会促进人类通过不同的途径去追求儿童教育的进步。

帮助儿童了解人性

应该被强调、被凸显的另一事实是，人性的宽大。儿童有一个很好的机会来感悟人性和体验在这个世界中他不认识的人的感觉——这些人可能在非洲，也可能在澳大利亚。儿童由此发展天性本能并意识到人性是值得感激和尊敬的。

儿童应当借助我们的帮助来进行吸收。因为当儿童一旦养成了自身的性格，不管之后有怎样的观念意识冲击，他都能凭借自身的基本意识来判断是非曲直。

如果人们在儿童时期有机会去了解世界和社会，他们就不会那么容易去追随空想的社会体制。仔细想想，一个领导者怎样成了领导者？因为他所阐释的观念和意识，让他得以澄清了模糊意识，而后来加入团体的那些跟随者却并没有清晰的意识。一旦有人走出来，清楚地陈述并解答了这些意识问题，他就成了一个领导者。而当他成为一个领导者，而且已经激发了信心和热情后，如果那些跟随者没有掌握事实的基础，那么即便走向灾难，他们也将跟随领导者。然而，人们在儿童时期已经接受过辅导，除了知道这个世界和社会运作的真实情况，还对默默为他们工作的人心怀感激之情——这就是人性的全部。